WU CHANG

武昌历史文化丛书编委会／编

Wuchang Yaolan
Hongshan Baotongsi Zhi

【武昌历史文化丛书】

武昌要览

文士员 编
许 歌 点校

洪山宝通寺志

〔清〕天 正 编辑
〔清〕松 泉 增辑
〔清〕达 澄 增辑
昌学汤 点校

武汉出版社
Wuhan Publishing House

（鄂）新登字 08 号

图书在版编目（CIP）数据

武昌要览 / 文士员编；许歌点校 . 洪山宝通寺志 /（清）天正编辑；（清）松泉，（清）达澄增辑；昌学汤点校 . — 武汉：武汉出版社，2022.3

（武昌历史文化丛书）

ISBN 978-7-5582-5120-7

Ⅰ . ① 武… ② 洪… Ⅱ . ① 文… ② 天… ③ 许… ④ 松… ⑤ 达… ⑥ 昌… Ⅲ . ① 武昌区 – 地方史 – 史料 ② 佛教 – 寺庙 – 武汉 – 史料Ⅳ . ① K296.34 ② B947.263.1

中国版本图书馆 CIP 数据核字（2022）第 040917 号

武昌要览　洪山宝通寺志

编　　者：文士员
编　　辑：〔清〕天　正
增　　辑：〔清〕松　泉　〔清〕达　澄
点　　校：许　歌　昌学汤
出 品 人：朱向梅
策划编辑：胡　新
责任编辑：胡　新　蔡文华
封面设计：马　波
出　　版：武汉出版社
社　　址：武汉市江岸区兴业路 136 号　　邮　　编：430014
电　　话：（027）85606403　　85600625
http://www.whcbs.com　　E-mail: whcbszbs@163.com
印　　刷：湖北新华印务有限公司　　经　　销：新华书店
开　　本：787 mm×1092 mm　1/16
印　　张：9. 75　　字　　数：122 千字
版　　次：2022 年 3 月第 1 版　　2022 年 3 月第 1 次印刷
定　　价：38. 00 元

/序　一/
Preface

“求木之长者，必固其根本；欲流之远者，必浚其源泉。”一个城市的生命和灵魂，来自深厚的历史底蕴与坚实的文化内核；一个城市的品位和底气，离不开强大的文化自信与不竭的创新动力。挖掘历史资源、激活文化基因，事关精神命脉的传承，事关城市的永续发展。

有着近一千八百年建城史的武昌，历史悠久，文脉绵长。在这里，一座古城，风韵悠然，阔步前行，穿越千年沧桑；一处名楼，文人墨客，咸集诗赋，各领绝代风骚；一件大事，辛亥首义，敢为人先，改变中国历史；无数英豪，指点江山，前仆后继，浴血谱写辉煌。因为有了历史和文化的充分滋养，武昌始终生机勃勃、活力无限，为荆楚文化在中华文明总谱系中留下独特的基因和符号提供了丰富的给养。这片有着绚烂历史和强烈魅力的土地，一直等待着我们去发现、去感受、去领略、去彰显。

正因如此，我们有优势、有情怀，更有责任、有义务弘扬武昌的优秀历史文化，把武昌故事讲好，把武昌自信提升好，把武昌力量凝聚好。与其他展示武昌历史文化的论著不同，这套丛书全面系统梳理了多年散落在民间、口口相传的武昌老故事，通过精心的考证，深入挖掘其中蕴含的思想观念、人文精神和道德规范，并适应时代发展进行继承和创新，凸显出武昌发展的个性和魅力——从这个层面上讲，这套丛书的意义已经远远超出了文史资料的价值，它是武昌文脉的复现，为活化武昌文化遗产、树立武昌城市精神、提振市民精气神将作出独有的贡献。

丛书立足武昌历史根脉，突出武昌文化核心元素，在时间上自公元223年孙权建筑夏口城起至20世纪60年代，在空间上以武昌区现在的行政区划为主，分为“综合”“武昌人物”“武昌风物”“武昌景物”“武昌文物”和插画版“武昌指南”六个系列，将为武昌发展作出重大贡献的历史人物、影响历史进程的重大事件与武昌地域特色文化相结合，用群众喜闻乐见的语言讲历史故事、叙文化传统、说武昌古今。本书内容上具备理论高度、学术价值和思想深度，形式上明白晓畅，通俗易懂，能够激起读者情感共鸣，兼具历史性、时代性、知识性、可读性与权威性，可谓宣传推介武昌的集大成之作。

今天，武昌的经济体量已进入“千亿级”时代，站在新的起点，文化软实力正是提升我们综合竞争力和可持续发展能力的关键因素。习近平总书记说，“文化自信是一个国家、一个民族发展中更基本、更深沉、更持久的力量”，在建设创新型城区和国家中心城市核心区的征程上，我们更要“以古人之规矩，开自己之生面”，更要坚守中华文化立场，传承中华文化基因，展现中华审美风范。愿我们携起手来，共同努力，让传统文化与现实文化相融相通，让个体情感与集体情感同频共振，为新时代武昌的改革创新发展注入每一个人的家国情怀！

为策划、编纂和出版这套丛书，一大批专家学者以及许多市区老领导、政协委员都倾注了深厚的感情，为丛书的诞生奠定了坚实的基础，在此，由衷感谢他们为发展、延续武昌历史文化付出的巨大心血！

刘　洁

2018年12月

/序　二/
Preface

勤耕不倦，玉汝于成。历时三年，经过承编单位和各位专家学者、全体编辑人员坚持不懈的努力，《武昌历史文化丛书》6个系列38册图书全部编撰完成。此前，已有不少关于武昌历史文化方面的书籍出版，但大多只涉及某一角度或某一方面，唯有此套丛书全方位介绍了底蕴深厚、丰富多彩的武昌历史文化，多角度展示了武昌各时期的发展面貌，堪称集大成之作。

源远者流长，根深者枝茂。武昌城始建于公元223年，从魏晋至明清，都是历代县、郡、州、府乃至行省治所所在地，自古以来即为武汉地区的政治、经济、文化中心。受博大精深的荆楚文化滋养，武昌集书卷气与烟火味于一体，既是楚辞浪漫、黄鹤飘逸的千年历史文化名城，也是推翻帝制、创建共和的辛亥首义之地；既是绿水青山、生态宜居的滨江滨湖之城，也是经济领先、科教集聚的现代化城区，在中国历史上占有极为重要的地位。经历了惊心动魄的抗疫大战，武昌更加彰显出舍生忘死、勇往直前的英雄气概，焕发出浴火重生、淬炼成钢的蓬勃生机，展现了荆楚文化筚路蓝缕、开拓进取、自强不息的精神内涵。

《武昌历史文化丛书》本着高度的历史使命感，发扬严谨求实的优良传统，坚持政治性、思想性、艺术性相统一，从多个角度以不同专题讲述武昌历史的发展脉络，供读者鉴古知今、察往思来，从中获取智慧和力量。特别是最新编辑出版的《早期共产党人在武昌》等书，系统展示了这片革命热土上星罗棋布的红色文化资源，讲述了中国共产党在武昌艰辛而辉煌的峥嵘岁月，字里行间给人以强烈的思想启迪、精神激荡。每一个历史事件、每一位革命英雄、每一件革命文物，都展现了中国共产党的追求和梦想、情怀和担当、牺牲和奉献，生动诠释了武昌传承的红色基因、流淌的红色血液，无声地培育了我们共同的情感价值和理想追求，成为武昌文化软实力的重要组成部分，更是激励每个武昌人奋力拼搏新征程的强大力量源泉。

“风樯动，龟蛇静，起宏图。”当前正值“十四五”开局之年，“一带一路”倡议及长江经济带发展、中部地区崛起等多项国家战略纷纷聚焦湖北武汉，武昌正朝着建设更具认知度、识别度和美誉度的社会主义现代化城区加速奋进。从这一角度讲，《武昌历史文化丛书》的编辑出版正当其时，不仅传承和弘扬了地方优秀文化，守住了我们的城市根脉、个性与活力，而且能够强劲赋能提升城区品质和文化影响力，对推动武昌高质量发展具有重要且不可替代的作用。

不忘本来，方能开辟未来。武昌，有太多的故事值得述说，有太多的人物值得追忆，有太多的梦想需要延续。相信读者们翻开这套丛书，领略这片一百多平方公里土地的一山一水，品读这里历经了近1800年岁月的一街一巷，一定会深刻感受到其背后蕴含的人文情怀、价值追求和气质风范。最后，衷心感谢为丛书出版力笔勤耕、殚精竭虑的全体作者、专家委员会成员和武汉出版社的同志们！

余　松

2021年10月

序　三
Preface

酝酿已久的《武昌历史文化丛书》终于要正式出版了，作为一个历史工作者和这套丛书的专家委员会主任，我感到由衷的高兴，十分乐意借写序的机会，同大家分享一下我的几点感想。

第一，为什么要出版《武昌历史文化丛书》？

武汉三镇之中，当属武昌的历史最为悠久，早在春秋战国时期，楚国就在这一地区设有封君夏侯。三国时期，孙权将东吴政治中心迁鄂（今鄂州市），寓“以武而昌”之意，改鄂名为“武昌”，这是武昌之名的由来。公元 223 年，孙权在江夏山（蛇山）筑夏口城，从而开启了武昌古城的历史，至今已近一千八百年。从元代设湖广行省起至清末，武昌一直是省级大区域行政中心。北伐战争后，改武昌县为武昌市。1927 年，武汉三镇在行政区划上正式统一为一市。1949 年武昌解放后，成为中共湖北省委、省人民政府所在地，在 1952 年调整区划后，正式成立武昌区人民政府。

千百年来，武昌因其独特的地理区位，始终处于社会变革的最前沿，承载着中华民族波澜壮阔的历史变迁，书写着气势磅礴的历史画卷。武昌人文底蕴深厚。屈子行吟，崔颢题诗，李白唱和……近代以来，张之洞督鄂，兴实业，办教育，练新军，新旧学堂并起，东西文化交融，风气大开，武昌由此奠定了全省文化中心的地位，诚如张之洞题黄鹤楼楹联中云：“昔贤整顿乾坤，缔造先从江汉起；今日交通文轨，登临不觉亚欧遥。”武昌自然风光秀丽。东湖、沙湖、紫阳湖等，妩媚多娇；洪山、蛇山、珞珈山等，玲珑别致；黄鹤楼、宝通寺、长春观等，景色优美。山灵水秀，人文荟萃，让武昌成为最适宜居住的城区。

武昌历史悠久、文化厚重、科教区位优势明显，是武汉的城市文化名片，而《武昌历史文化丛书》正是一套向世人充分展示武昌这座历史文化名城的独特魅力和风采的作品。

第二，如何编好《武昌历史文化丛书》？

武昌是武汉文脉沉淀之地，积累了丰厚的文化资源，如黄鹤楼文化、辛亥首义文化、名人文化等，此前也有若干零星介绍武昌历史文化的图书，而这套丛书则是第一次全面系统梳理千年古城的历史文化、系统挖掘武昌历史文化资源的重要工程。

本丛书在整体设计上分为六个系列，形式新颖，内容全面，体系完整，时间上从公元 223 年至 1960 年代；空间上以现有武昌区行政区划为主，必要时以历史上的大武昌概念为界定，将为武昌发展作出重大贡献的历史人物、影响历史进程的重大事件与武昌地域特色文化相结合，激活武昌文化基因，展现真实、立体、全面的武昌，集中呈现武昌深厚的文化底蕴。

在作者的选择上，着重选择了对武昌历史文化素有研究的专家学者；在内容上，利用新史料，体现研究新成果，集历史性、权威性、知识性、可读性于一体；在形式上，采取图文并茂的形式。

第三，编撰《武昌历史文化丛书》的意义何在？

习近平总书记在党的十九大报告中指出："文化兴国运兴，文化强民族强。没有高度的文化自信，没有文化的繁荣兴盛，就没有中华民族伟大复兴。"只有对自身文化有高度的自信，才可能带来武昌的繁荣兴盛。在新时代下，启动这套丛书的编撰，既体现了武昌区委、区政府的远见，也可谓正逢其时。

该丛书既是在新时代第一次全面、系统挖掘武昌历史文化资源的重要文化工程，也是响应市委、市政府建设"历史之城、当代之城、未来之城"号召的实践成果，更是加快建设现代化、国际化、生态化大武汉，全面复兴大武汉的具体举措，功在当代，利在千秋。

本丛书立足武昌，深入挖掘其中所蕴含的思想观念、人文精神、道德规范，并结合时代要求继承创新，突出展示武昌最具特色的核心文化元素，集中挖掘城区的文化根脉，讲好武昌故事，传承历史文化记忆，对于传承武昌区优秀的历史文化、提升居民文化自信、推进城区文化建设具有重大的现实意义，必然成为武汉市打造国家中心城市和世界亮点城市规划中绚丽的一环。

关于学习历史的意义，习近平总书记在中央党校建校 80 周年庆祝大会暨 2013 年春季学期开学典礼上讲道："学史可以看成败、鉴得失、知兴替。"从武昌悠久、丰厚的历史文脉当中，我们也一定可以看清她的成败、得失、兴替，从而以更加清醒的头脑和更为厚重的历史感，借改革开放四十年的东风，更好地了解武昌、建设武昌、发展武昌。

是为序。

马　敏

2018年12月于武昌桂子山

总 目 录

武昌要览

文士员　编

许　歌　点校

前　　言

文士员（1893—1965），字侪皋，湖南益阳人，地理学专家。早岁入湖南省立第一师范学校，毕业后任教于益阳县第一、第二高等小学堂，武昌旅鄂湖南学校等，后入国立武昌师范大学学习。其后在湖北、湖南两省大中学校任地理教员四十余年，兼任武昌亚新地学社编辑。新中国成立后，曾任湖南省文史馆馆员。

武昌历史悠久，曾有夏、鄂渚、夏口、江夏、郢城、鄂州等称谓，向来是省、州、府、县官署所在地，为区域的政治、文化中心和军事要地。三国时期，孙权将东吴政治中心迁鄂（今鄂州市），寓“以武而昌”之意，改鄂名为“武昌”，并在江夏山（今蛇山）筑夏口城。元代设湖广行省，置鄂州路（后改为武昌路），江夏是湖广行省、武昌路和江夏县的治所，为行省级大区域行政中心。明代改武昌路为武昌府，武昌城内衙门云集，被称为“湖广会城”，延续至清初，并成为湖广大区的区域政治中心和文化中心。1911 年 10 月 10 日，辛亥首义在武昌一举成功。次年，废武昌府，改江夏县为武昌县；原武昌（今鄂州市）改为寿昌，次年又改为鄂城。1926 年 10 月，国民革命军攻克北洋军阀统治的武昌城，改武昌县为武昌市，设武昌市政府。

《武昌要览》为民国时期武昌的唯一一部专志，是文士员在武昌旅鄂湖南学校高级小学讲学期间“以授课之余闲”编就，为学生课外教学资料，篇幅短小，仅万余言，内容简要浅显。其取材多系实地观察所得，间考志书及近人记载，对 1925 年以前武昌县的地情描述较为明确，是研究民国时期武昌的重要史料。

全书分为沿革及城垣、城内街市、学校、社会教育、胜迹（一）、胜迹（二）、胜迹（三）、山水（一）、山水（二）、山水（三）、官署、实业（一）、实业（二）、实业（三）、实业（四）、交通凡九类十五章。其中，“实业（三）”原本有缺。正文前绘有插图四幅，分别是“旅鄂湖南学校中小两部位置全图”“山前山后略图”“山后大街略图”“山前大街略图”，颇具时代特色。作者自述“以教育、实业、交通关系重大，胜迹足供史地参考”，故于此部分叙述较详。本书初版刊行于民国十二年（1923）8月，书眉处署有“永盛印书馆刊”，由武昌亚新地学社发行，问世后颇受欢迎，至1925年10月已发行四版。

在教育方面，分学校和社会教育两章叙述。学校部分除了较为详细地介绍旅鄂湖南学校的位置、校舍、历史、编制、经费、祠宇、胜迹外，还介绍了武昌地区的国立、湖北省立、公立、武昌县立、私立、官立、教会立等7类99所大中小学、专门学校，以及附设的湖北教育会、学校出品陈列所的校名、校址，并备注其前身；社会教育部分则分列图书馆、平民学校、湖北通俗教育讲演所、湖北通俗教育报编辑所、湖北省立公共体育场、武昌通俗教育讲演所的情况，反映了民国前期武昌完整的教育体系。

在实业方面，简要介绍了武昌劝业场、武昌总商会、湖北省农会、湖北全省农桑试验场、湖北全省模范林事试验场、棉业试验场、湖北模范大工厂、武昌布纱丝麻四局、武昌造币分厂、武昌电灯公司、湖北造纸厂、湖北官纸印制局、湖北毡呢厂、湖北制革厂、湖北官书局、耀华玻璃厂、裕华纺织厂、震寰纺织公司、光华染织厂、粤汉铁路机器厂、聚宝源机器厂等公私企业情况，以及衣装银楼、典当业、金融业、绸布号、书业、旅馆、医院等的地域分布。

在交通方面，介绍了轮渡和粤汉铁路的徐家棚、通湘门、鲇鱼套三个车站的线路，以及武昌邮政总局、武昌电话馆、武昌无线电报局、电报局的简要情况。

此外，本书还介绍了武昌的胜迹和山水，重点为亭台楼阁、祠宇寺观、园林名胜、山水湖泊的地理分布。本书“图表互见，商宦交资，综万事于掌握之中，瞻百里于尺幅之内”，“俾游斯地者，因以为识途先导；而研索地学者，亦资借镜旁求。其为裨益，容有涯涘”，“为旅行先导也”，可作为游人游览武昌的指南。

清末边疆屡遭危机，边政学由此发端，而武昌则较早成为研究重镇。1896 年，曾为张之洞幕僚、两湖书院地理教习的湖南新化人邹代钧（1853—1908）在武昌横街头创办了武昌舆地学会，专门编印地图，时称“邹图”，风靡一时。邹代钧之侄邹永萱在武昌舆地学会的基础上，于 1898 年（一说为 1902 年）创办了我国最早的民办地图出版社和现代彩色地图的测绘出版机构——武昌亚新地学社。1908 年邹代钧逝世后，武昌舆地学会随之解散，邹永萱继其业。1920 年，邹永萱长子邹兴矩接办武昌亚新地学社，将其带入鼎盛期。

19 世纪中叶以降，欧美国家运用现代实证科学方法，广泛开展关于中国地理、经济、政治、社会组织、风俗习惯、宗教信仰、文物古迹等领域的调查活动。日本作为后起的资本主义国家，又是与中国有着深刻的历史文化渊源的近邻。明治维新后，确立了“经略中国”“雄飞海外”的战略目标，对中国调查研究的强度和规模后来居上，以东亚同文书院为最。

邹兴矩为本书作序，指出了此书的创作背景及目的。日人所编《蒙古旅行记》《大连旅顺案内》《南满铁道案内》《千山游览指南》诸书，“插画插图，纤微共举，论者徒惊其调查之精，而忽其侵略之野”，上述诸书对中国实业、商权、交通调查精细，“南满北满之分”“东蒙外蒙之议”，已透露出日本侵略中国的野心。因而，《武昌要览》一书，不止有“辅助志乘”之用，更重要的是“惧沦胥之有日，欲国人之奋兴，以共挽垂危之居”，表达了国内爱国人士的隐忧，希冀本书能激发众多国人关注时事、挽救时局。

此次出版，由许歌负责点校，以武汉地方志编纂委员会办公室第四版藏本为底本，参以湖北省图书馆藏本校对，补充底本因墨钉而未能识别七处；变繁体竖排为简体横排，以通行标点符号进行整理校勘。为便于读者阅读，对难以理解之处进行简要注释。

目　录 / Contents

益陽文壬貢編

武昌要覽

武昌亞新地學社發行

武昌要览目次

序

吾国地大物博，事实殷繁，官书难纪其详，地志难尽其实。处兹文轨[①]交通之日，西北尚称为神秘奥区，此地学界所同慨也。顾实测实量之作，殆有待于他时；入国入境之禁，端探讨于平昔。是则游览指南，为旅行先道也与？益阳文君侪皋，讲学武昌有年矣。留心民社，能说山川，以授课之余闲，为乡土之述作。有闻斯录，师邵氏之《见闻》[②]；博考详稽，拟亭林之《利病》[③]。图表互见，商宦交资，综万事于掌握之中，瞻百里于尺幅之内。颜曰《要览》，名实允符。俾游斯地者，因以为识途先导；而研索地学者，亦资借镜旁求。其为裨益，容有涯涘。曩者余游塞外，见日人所遍[④]《蒙古旅行记》《大连旅顺案内》《南满铁道案内》《千山游览指南》诸书，插画插图，纤微共举。论者徒惊其调查之精，而忽其侵略之野。宜乎北满南满之分，东蒙外蒙之议，其实业，其商权，其交通诸大端，均随其《案内》《指南》诸书操纵以尽也。痛哉痛哉！文君是书，盖惧沦胥之有日，欲国人之奋兴，以共挽垂危之局。苦心孤诣，上薄云霄；激发性灵，苞桑共懔。岂第辅助志乘，同便观览云尔哉？兹当发刊之始，因濡笔为之序。

---

① 文轨：文字与车轨，古代以同文轨为国家统一的标志。

② 邵氏之《见闻》：指北宋邵伯温撰《邵氏闻见录》。

③ 亭林之《利病》：指清顾炎武撰《天下郡国利病书》。

④ 遍：应作“编”。

民国十四年十月五日，新化邹兴钜[1]

① 邹兴钜：字伯庚，湖南新化（今隆回）人，地理学家。邹永萱之长子。毕业于武昌方言馆，精通日文，曾在武昌高等师范学校教授地理。1920 年接办武昌亚新地学社，并将其带入鼎盛期。1938 年武汉沦陷前，奉命将地学社迁至新化。1940 年逝世。遗著有《春秋战国图说》《中国分省图说》《英华对照列国图》等。

例　　言

一、本书为旅鄂湖南学校高级小学学生野外教学资料，力求简要浅显。

二、本书以教育、实业、交通关系重大，胜迹足供史地参考，叙述较详。

三、本书取材多系实地观察所得，间考志书及近人记载，较为明确。

编者识

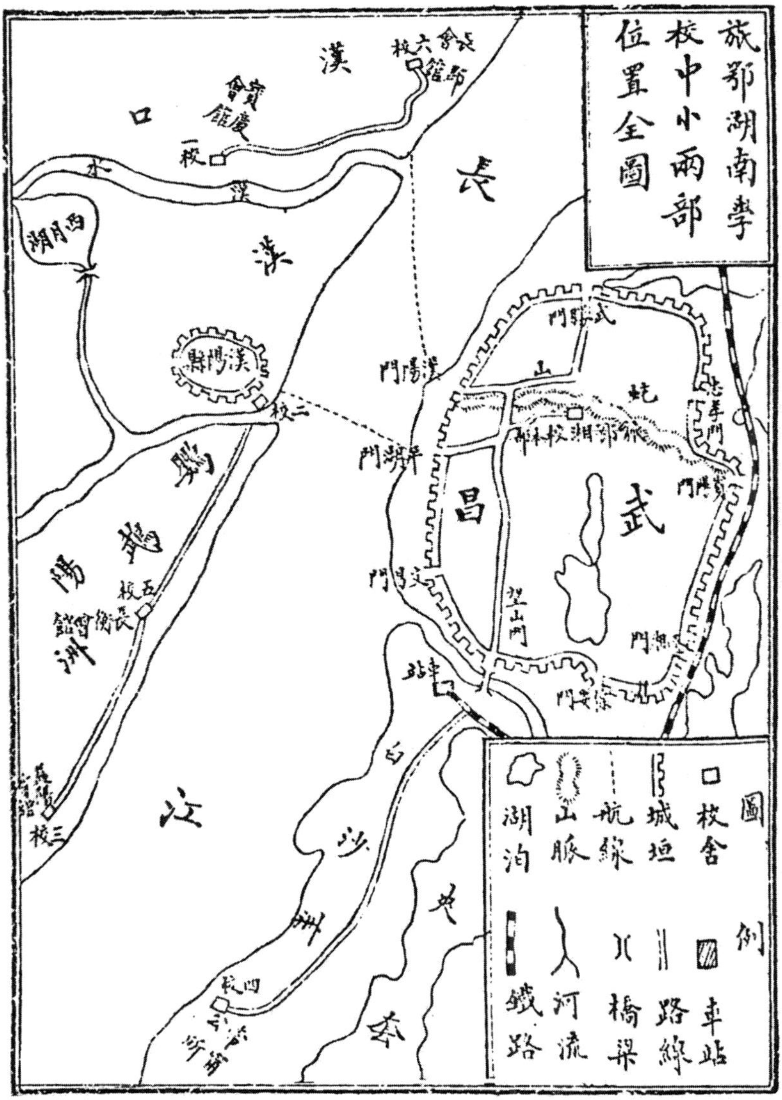
旅鄂湖南學校中小兩部位置全圖
圖例
校舍
城垣
航線
山脈
湖泊
車站
路線
橋梁
河流
鐵路
漢口
長
江
武
昌
漢陽縣
漢陽門
平湖門
文昌門
望山門
武勝門
忠孝門
保安門
蛇
山
車站
校一
校二
校三
校四
校五
校六

山前山後略圖

山後大街略圖

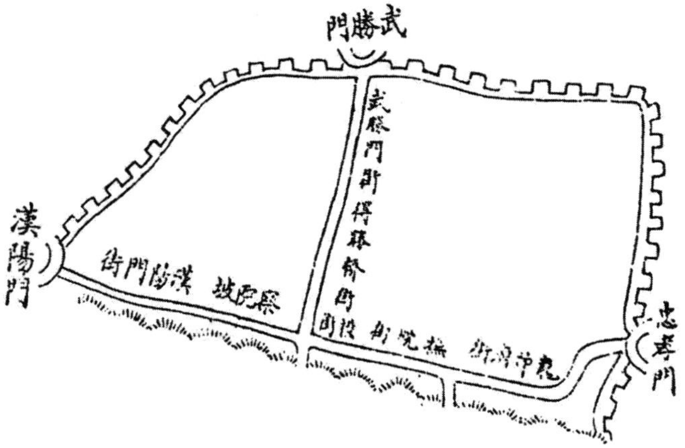

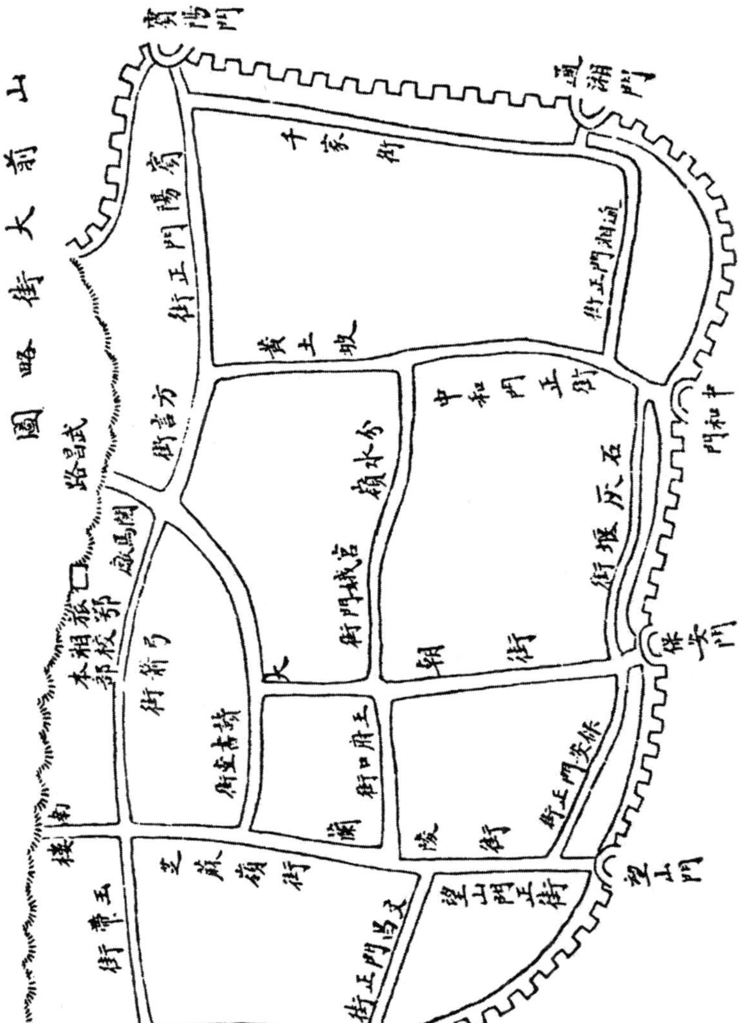
山前大街略圖
賓陽門
通湘門
中和門
保安門
望山門
文昌門
平湖門

一、沿革及城垣

沿革　原名江夏。

城垣

（1）周围　二十里有奇。

（2）形势　东南广而西北狭。

（3）十门

- 东
  - 忠孝门旧名小东门。
  - 宾阳门旧名大东门。
  - 通湘门清光绪时增开，门外有车站。
- 西
  - 汉阳门。
  - 平湖门。
  - 文昌门旧名竹簰门。
- 南
  - 中和门旧名新南门。民国初，更名起义门。
  - 保安门。
  - 望山门鲇鱼套车站在其外。
- 北　武胜门旧名草埠门，今呼为草湖门。

（4）两部

城内蛇山——横贯

- 山南俗称山前。
- 山北俗称山后。

二、城内街市

山后大街

- 东西街
  - 龙神庙街。
  - 抚院街。
  - 察院坡街。
  - 汉阳门街。
- 南北街
  - 武胜门街。
  - 得胜桥街。
  - 横街。

山前大街

- 东西街
  - 玉带街。
  - 弓箭街。
  - 方言街。
  - 宾阳门街。
  - 读书堂街。
  - 王府口街。
  - 宫辕门街。
  - 文昌门街。
  - 保安门街。
  - 石灰堰街。
  - 通湘门街。

南北街
- 兰陵街。
- 芝麻岭街。
- 望山门街。
- 大朝街。
- 黄土坡街。
- 中和门街。
- 千家街。

三、学校

旅鄂湖南学校

一　位置　在武昌城内高观山中部。

二　校舍　共八十余间，花园、农场、操场均备。

三　历史　清光绪二十九年，乡人余肇康[①]、陈兆葵[②]等官鄂时，就湖南会馆改设湖南中学堂，并附设小学，以培植三湘子弟。民国元年，更名旅鄂湖南公立学校；二年，改为私立旅鄂湖南学校；四年以后，于汉口、汉阳、鹦鹉洲、白沙洲四处添设初级小学；七年，仍更为公立。

四　编制　分两部。

1　中学部　学生二班，共□□[③]人。今办至十二班

2　小学部

高级小学　学生二班，共□□人。今办至十二班

初级小学六所　学生共□□人。

---

① 余肇康：字尧衢，号敏斋，晚号倦痴老人，湖南长沙县人。清光绪十二年（1886）进士，任工部主事。清光绪十五年（1889）以知府分发湖北补用，充两湖书院提调，擢补武昌、汉阳知府。清光绪三十年（1904）擢升山东按察使，次年夏改任江西按察使。所著《余肇康日记》对于中国近代历史研究具有非常重要的文献价值。

② 陈兆葵：字复心，湖南桂阳人，陈士杰子。清光绪十二年（1886）进士，授翰林院庶吉士，改官湖北汉黄道。

③ □□：底本原空，下同。

第一校　在汉口沈家庙宝庆会馆内。

第二校　在汉阳文星码头。

第三校　在汉阳鹦鹉洲益阳宾馆内。

第四校　在武昌白沙洲常宁公所。

第五校　在汉阳鹦鹉洲长衡会馆内。

第六校　在汉口大董家巷长郡会馆内。

五　经费　出自新堤、江汉两关及宝塔洲厘局所收竹、木、茶、煤、油五项湘学附加捐。

六　祠宇

曾文正祠　祀曾国藩湘鄂[①]人。

胡文忠祠　祀胡林翼益阳人。

乡贤祠　祀周敦颐道州（今道县）人。

四公祠　祀罗泽南、李续宾、李续宜均湘乡人、江忠源新宁人四人。

烈士祠　清为湘军昭忠祠，民国改今名，祀汉阳、夏口死雕[②]诸烈士。

七　胜迹

梅花碑　在曾祠前，衡阳彭玉麟书，笔致苍古，诩诩[③]欲活。

君子亭　取周敦颐以莲比君子之意。

荷花池　在君子亭前，今涸，上有桥，题“跨虹”二字。

鹄山泉　在荷花池傍，水清甘冽，今已填塞。泉侧有苏东坡谪居石刻遗像。

曾公亭　亭后有碑，中有曾国藩石刻遗像。

---

① 鄂：应作“乡”。

② 雕：应作“难”。

③ 诩诩：应作“栩栩”。

桂馨一山　周围植桂，中秋盛开，花香扑鼻。

一瓣香亭　取丹桂飘香之意。

凌霄阁　地踞高冈，可以瞩远。

望山台　在山顶，可望江，今台圮。

其他各校

<table>
<tr><th></th><th colspan="2">校名</th><th>校址</th><th>备考</th></tr>
<tr><td rowspan="5">国立</td><td rowspan="3">武昌大学</td><td>本部</td><td>城内方言街</td><td>原名师范大学</td></tr>
<tr><td>附属中学</td><td>城内长湖堤</td><td></td></tr>
<tr><td>附属小学</td><td>城内都府堤</td><td></td></tr>
<tr><td rowspan="2">武昌商科大学</td><td>本部</td><td rowspan="2">城内三道街</td><td>原名高等商业</td></tr>
<tr><td>附属高级商业</td><td></td></tr>
<tr><td rowspan="18">湖北省立</td><td colspan="2">文科大学</td><td>望山门外南湖</td><td>原名外国语专门</td></tr>
<tr><td colspan="2">法科大学</td><td>城内大贡院街</td><td>原名法政专门</td></tr>
<tr><td colspan="2">医科大学</td><td>城内两湖书院</td><td>原名医学专门</td></tr>
<tr><td colspan="2">高级中学</td><td>城内水陆街</td><td></td></tr>
<tr><td colspan="2">高级工业</td><td>城内昙华林</td><td>原名甲种工业</td></tr>
<tr><td colspan="2">高级农业</td><td>望山门外南湖</td><td>原名甲种农业</td></tr>
<tr><td colspan="2">高级商业</td><td>城内菊湾街</td><td>原名甲种商业</td></tr>
<tr><td colspan="2">高级蚕业</td><td>城内涵三宫</td><td>原名甲种蚕业</td></tr>
<tr><td colspan="2">国学馆</td><td>城内南楼大街</td><td></td></tr>
<tr><td colspan="2">中医专修</td><td>城内粮道街</td><td></td></tr>
<tr><td rowspan="2">第一师范</td><td>本部</td><td rowspan="2">城内兰陵街</td><td></td></tr>
<tr><td>附属小学</td><td></td></tr>
<tr><td rowspan="2">女子师范</td><td>本部</td><td rowspan="2">城内洪井街</td><td></td></tr>
<tr><td>附属小学</td><td></td></tr>
<tr><td colspan="2">第一中学</td><td>城内昙华林</td><td></td></tr>
<tr><td colspan="2">第二中学</td><td>城内宫门口街</td><td></td></tr>
<tr><td colspan="2">第四中学</td><td>城内汉阳门街</td><td>原名勺庭中学</td></tr>
<tr><td colspan="2">第六中学</td><td>城内朱家巷</td><td>原名启黄中学</td></tr>
</table>

续表

<table>
<tr><th></th><th colspan="2">校名</th><th>校址</th><th>备考</th></tr>
<tr><td rowspan="7">湖北省立</td><td colspan="2">女子中学及女子职业</td><td>城内正卫街</td><td></td></tr>
<tr><td colspan="2">女子初级中学</td><td>城内大贡县[1]街</td><td></td></tr>
<tr><td colspan="2">模范女子小学</td><td></td><td></td></tr>
<tr><td colspan="2">第一模范小学</td><td>城内阅马厂</td><td></td></tr>
<tr><td colspan="2">第二模范小学</td><td>城内大贡院街</td><td></td></tr>
<tr><td colspan="2">半日学校</td><td>城内外十六处</td><td></td></tr>
<tr><td colspan="2">财政专门</td><td>城内三道街</td><td></td></tr>
<tr><td rowspan="2">公立</td><td colspan="2">邮电专门</td><td>文昌门内花堤</td><td></td></tr>
<tr><td colspan="2">敬节堂女子小学</td><td>城内候补街</td><td></td></tr>
<tr><td rowspan="3">武昌县立</td><td colspan="2">初级中学</td><td>城内高观山</td><td></td></tr>
<tr><td colspan="2">模范高等小学</td><td></td><td></td></tr>
<tr><td colspan="2">女子高等小学</td><td>城内朱家巷</td><td></td></tr>
<tr><td rowspan="17">私立</td><td rowspan="3">武昌中华大学</td><td>本部</td><td rowspan="3">城内粮道街</td><td></td></tr>
<tr><td>附属中学</td><td></td></tr>
<tr><td>附属小学</td><td></td></tr>
<tr><td colspan="2">法政大学</td><td>城内滋阳桥烈士祠</td><td></td></tr>
<tr><td colspan="2">法政专门</td><td>城内大贡院街</td><td></td></tr>
<tr><td colspan="2">中法大学</td><td>城内杨泗堂街</td><td></td></tr>
<tr><td colspan="2">中医专门</td><td>城内黄土坡[2]</td><td></td></tr>
<tr><td colspan="2">武昌美术专门</td><td>城内兰陵街</td><td></td></tr>
<tr><td colspan="2">女子美术</td><td>城内皇城角</td><td></td></tr>
<tr><td colspan="2">武昌中学</td><td>城内旧工程营西侧</td><td></td></tr>
<tr><td colspan="2">成城中学</td><td>城内水陆街</td><td></td></tr>
<tr><td colspan="2">崇实中学</td><td>城内黄土坡街</td><td></td></tr>
<tr><td colspan="2">共进中学</td><td>城内中和门街</td><td></td></tr>
<tr><td colspan="2">共进中学</td><td>城内体育场</td><td></td></tr>
<tr><td colspan="2">荆南中学</td><td>城内老牙局街</td><td></td></tr>
</table>

① 县：应作“院”。

② “坡”后脱“街”字，据下文补。

续表

<table>
<tr><th></th><th colspan="2">校名</th><th>校址</th><th>备考</th></tr>
<tr><td rowspan="28">私立</td><td colspan="2">两湖中学</td><td>城内八卦井街</td><td></td></tr>
<tr><td colspan="2">日新中学</td><td>城内抱冰堂前</td><td></td></tr>
<tr><td colspan="2">湖北中学</td><td>城内营防口街</td><td></td></tr>
<tr><td colspan="2">黄鹄中学</td><td>城内黄龙寺街</td><td></td></tr>
<tr><td colspan="2">楚材中学</td><td>武胜门外彭杨公祠</td><td></td></tr>
<tr><td rowspan="2">武汉中学</td><td>第一部</td><td>城内涵三宫</td><td></td></tr>
<tr><td>第二部</td><td>城外彭杨公祠</td><td></td></tr>
<tr><td colspan="2">鄂州中学</td><td>城内中和门街</td><td></td></tr>
<tr><td colspan="2">实业化学讲习所</td><td>城内粮道街</td><td></td></tr>
<tr><td colspan="2">警监学校</td><td>城内三道街</td><td></td></tr>
<tr><td colspan="2">银行学校</td><td>城内粮道街</td><td></td></tr>
<tr><td colspan="2">速记讲习所</td><td>城内烈士祠</td><td></td></tr>
<tr><td colspan="2">蚕业讲习所</td><td>城内巡道岭</td><td></td></tr>
<tr><td colspan="2">法政讲习所</td><td>城内兰陵街</td><td></td></tr>
<tr><td colspan="2">女子补习学校</td><td>城内候补街</td><td></td></tr>
<tr><td colspan="2">和衷女子职业</td><td>城内左二巷</td><td></td></tr>
<tr><td colspan="2">养正小学</td><td>城内南楼</td><td></td></tr>
<tr><td colspan="2">育才小学</td><td>城内老牙局街</td><td></td></tr>
<tr><td colspan="2">日新小学</td><td>城内土司营</td><td></td></tr>
<tr><td colspan="2">履端小学</td><td>城内城隍庙</td><td></td></tr>
<tr><td colspan="2">第一正本小学</td><td>城内张王庙街</td><td></td></tr>
<tr><td colspan="2">第二正本小学</td><td>城内老天符庙</td><td></td></tr>
<tr><td rowspan="2">又新女子小学</td><td>第一部</td><td>城内三道街</td><td></td></tr>
<tr><td>第二部</td><td>城内斗级营街</td><td></td></tr>
<tr><td colspan="2">尚德女子小学</td><td>城内抚院街</td><td></td></tr>
<tr><td colspan="2">端本女子小学</td><td>城内横街</td><td></td></tr>
<tr><td colspan="2">圣功女子小学</td><td>城内粮道街</td><td></td></tr>
<tr><td colspan="2">振坤女子小学</td><td>城内府后街</td><td></td></tr>
</table>

续表

<table>
<tr><th></th><th colspan="2">校名</th><th>校址</th><th>备考</th></tr>
<tr><td rowspan="2">官立</td><td colspan="2">佐治员养成所[①]</td><td>城内省署后门</td><td></td></tr>
<tr><td colspan="2">官佐子弟学校</td><td>城内工程营</td><td></td></tr>
<tr><td rowspan="20">教会立</td><td colspan="2">华中大学</td><td rowspan="3">城内昙华林</td><td></td></tr>
<tr><td rowspan="2">文华</td><td>中学</td><td></td></tr>
<tr><td>小学</td><td></td></tr>
<tr><td colspan="2">博文书院</td><td>宾阳门外</td><td></td></tr>
<tr><td colspan="2">文学中学</td><td>城内候补街</td><td></td></tr>
<tr><td rowspan="2">华中师范</td><td>本部</td><td rowspan="2">宾阳门外</td><td rowspan="2">原名协和师范</td></tr>
<tr><td>附属小学</td></tr>
<tr><td colspan="2">训蒙女塾</td><td>宾阳门外</td><td></td></tr>
<tr><td rowspan="2">三一学校</td><td>中学部</td><td rowspan="2">城内芝麻岭</td><td></td></tr>
<tr><td>小学部</td><td></td></tr>
<tr><td colspan="2">圣约瑟中学</td><td>城内高家巷</td><td></td></tr>
<tr><td colspan="2">修善中学</td><td>城内千家街</td><td></td></tr>
<tr><td colspan="2">求是中学</td><td>城内抚院祠</td><td></td></tr>
<tr><td colspan="2">神学校</td><td></td><td></td></tr>
<tr><td colspan="2">圣希理达女子</td><td>忠孝门外</td><td></td></tr>
<tr><td colspan="2">妇女圣经</td><td></td><td></td></tr>
<tr><td colspan="2">清真高小</td><td>中和门外</td><td></td></tr>
<tr><td colspan="2">行道会两等小学</td><td>城内昙华林</td><td></td></tr>
<tr><td colspan="2">华中师范瞽目女子</td><td>城内涵三宫</td><td></td></tr>
<tr><td rowspan="2">附</td><td colspan="2">湖北教育会</td><td>城内巡道岭</td><td></td></tr>
<tr><td colspan="2">学校出品陈列所</td><td>城内兰陵街</td><td></td></tr>
</table>

① 佐治员养成所：佐治员，政府工作人员。佐治员养成所相当于政府公务员培训学校。

四、社会教育

（1）图书馆

湖北图书馆　在兰陵街，为英国博文书院[①]旧址，创于张之洞。计分经、史、子、集、政治、丛书六部。辛亥兵燹，书多散失，附有教育品陈列所，及通俗书报阅览室，凡阅书及教育品者，购券乃得入焉。

文华公书林　在昙华林[②]，系美国女士韦华棣[③]创建，所置书报甚多，任人阅览，不取分文。

（2）平民学校　除省立十六半日[④]校及三道街平民学校外，国立武昌师范大学[⑤]、中华大学[⑥]等校均设之。又启明工厂、永昌隆缝衣店等，附设有工读学校、平民读书处，现亦成立多所。

---

① 博文书院：英国基督教循道公会于1885年创建，英文名Wesles College Wuchang，位于武昌区武珞路和中南路的交汇口。1954年，博文书院改名为武汉市第十五中学。

② 昙华林：位于武昌城的东北部，地处城墙内的花园山北麓与螃蟹岬南麓之间。现主要指东起中山路，西至得胜桥，包括戈甲营、马道门、太平试馆、三义村以及花园山和螃蟹岬两山在内的狭长地带。

③ 韦华棣：应作“韦棣华”，美国圣公会女传教士，图书馆学教育家。1899年来华，在思文学校（1903年改名为文华书院）担任英语教师，参与筹办学校图书室。1910年任文华学校图书馆总理，并将其易名为文华公书林。文华公书林是中国近代最早开办的公共图书馆。

④ “日”后脱“学”字。

⑤ 国立武昌师范大学：1913年在原方言学堂的基础上建立的中国第二所高等师范学校。1923年改名为国立武昌师范大学，此后又易名“国立武昌大学”“国立武昌中山大学”“国立武汉大学”，为今武汉大学前身。1928年，以原国立武昌中山大学为基础，改建为国立武汉大学。

⑥ 中华大学：中国第一所私立大学，校址设在清粮道衙门内，黄陂陈宣恺、陈时父子于1912年创办。

（3）湖北通俗教育讲演所　在兰陵街，原名模范讲演团。按日讲演，另编有通俗讲艺[①]；并于黄鹤楼、全善堂、乐善堂等处设分所。附设阅报室，阅者每人取铜元一枚。

（4）湖北通俗教育报编辑所　附设湖北教育厅内。

（5）湖北省立公共体育场　在武昌城内曹家巷，为武普通学堂[②]旧址，面积甚广。近武汉各学校运动联合会、全国运动会、华中运动会，均在此举行。

（6）武昌通俗教育讲演所　在粮道街。

---

① 艺：应作“义”。

② 武普通学堂：全称武普通中学堂，1902 年开办。1906 年改称陆军第三中学堂，辛亥革命爆发后停办。

五、胜迹（一）

黄鹤楼　在汉阳门内，黄鹄山一名黄鹤山头，因山得名，号为天下绝景。相传楼建自孙吴，南宋时已不复存，明代重修以后，五毁于火，迄清光绪三十年，端方[①]即其故址，改建警钟楼。

宝像塔　在警钟楼前。元威顺王宽澈普化[②]太子墓，高三丈，石色润白。

涌月台　在警钟楼侧，为方形，以花岗石为之。宋黄山谷名庭坚书“涌月”二字，后人摹刻于此，而继以“台”字。

奥略楼　在警钟楼后，张文襄名之洞，南皮人去鄂，学界捐建以志去思者。榜曰奥略，即师晋刘弘[③]督师江汉之意。湖北各校教职员联合会在焉。

官胡合祠　在奥略楼左，祀辽阳官文恭公[④]、益阳胡文忠公。黄鹤楼毁后，其铜顶徙置其内。

仙枣亭　明景泰四年建，相传吕纯阳名嵒尝过此，故一名吕仙亭。

---

① 端方：满洲正白旗人，托忒克氏，字午桥，号匋斋，清末重臣。1901年任湖北巡抚。警钟楼是其任内于黄鹤楼故址上改建的。

② 宽澈普化：元世祖忽必烈之孙，镇南王脱欢之子。泰定三年（1326），封威顺王，镇武昌。

③ 刘弘：字和季，沛国（今安徽濉溪西北）人，西晋名将。太安二年（303）出任镇南将军，平定张昌之乱，晋惠帝赞曰：“将军文武兼资……其恢宏奥略，绥镇南海，以副推毂之望焉。”故下文有“榜曰奥略，即师晋刘弘督师江汉之意”一说。

④ 官文恭公：满洲正白旗人，王佳氏，名官文，字秀峰，曾任湖广总督。

抱膝亭　取“抱膝长为梁父吟”[①]之意，在奥略楼后。梁节庵[②]名鼎芬，番禺人陈臬鄂中，提倡教育最力。旋以病乞归，学界捐[③]建以志纪念。登亭四顾，武汉形势，了如指掌。

首义公园　在抱膝亭下，系民国十三年鄂人夏道南[④]等就乃园旧址所建，使游览者追怀民国发祥之地。内有陈友谅墓，或曰疑冢也。

南楼　在省长公署前，俗称鼓楼，本为楚观楼，乃唐牛僧孺[⑤]奇章堂故址；然非古南楼，明弘治中，始易今地，仍取黄山谷“鄂州南楼天下无”之意以名楼。清代屡修。

---

① 诗句出自清代诗人杜溎《赋得山光深小梦》，自序曰：“因武侯祠后诸葛亮书院楼有对联云：‘山光深小梦，龙气绕长城。’余甚爱首句，因而赋之。”

② 梁节庵：名鼎芬，字星海，晚清学者、藏书家，为张之洞督鄂时重要幕僚。陈臬：《书·康诰》：“王曰：‘外事，汝陈时臬，司师兹殷，罚有伦。’”孔传：“汝当布陈是法。”后因称张布刑法为“陈臬”，亦借指任司法官职。

③ “捐”字后原衍一“捐”字。

④ 夏道南：字熏阶，湖北嘉鱼人。武昌首义成功后任湖北军政府顾问。后辞职，在汉口组织东亚大同社，开办汉口大舞台，创修武昌首义公园。

⑤ 牛僧孺：字思黯，安定鹑觚（今甘肃灵台）人，唐贞元进士，“牛李党争”中牛党的领袖。唐敬宗时，进封奇章郡公，后又出任武昌军节度使，其登宴处名“奇章堂”。

六、胜迹（二）

楚王故宫　在高观山下，前临大朝街，左阅马厂，右长街。宫广二里，深倍之，瓦石为城。明李[①]兵燹，所存旧制，仅正阳、端礼、东华、西华、厚载诸门，及梳妆台、金鱼池而已。今五门均不存，唯梳妆台、金鱼池尚存。

抱冰堂[②]　在宾阳门内高观山阳。鄂军捐建以纪张文襄公政绩者，并以其私号颜其额，旋文襄没，易为祠堂。园中花木极饶风致，亭台十桂堂、茅亭、月台亦复参差。登高远瞩，左望黄鹤，右挹双峰山名，江来天外，湖荡轻帆，山色波光，天然画本，鄂中胜地也。

烈士祠　在长湖石，清万寿宫也。建于康熙四十三年，为官吏朝贺祝釐[③]之所。民国更今名，祀起义诸烈士，故每逢双十节，满城文武躬往致祭。祠前滋阳桥西端，立有武昌起义纪念碑。

义井　在长街土神祠内，以铁为范，铸有“古铁井”三字。

鄂园　在黄土坡，地颇幽敞，中植花木，为学界会集之所。

武昌路　在旧抚署前。民国初所开，行者便之。惜工程不精，以致崩塞。

---

① 李：应作“季”，据同治《江夏县志》改。

② 抱冰堂：张之洞晚年号“抱冰老人”。1907 年，湖广总督张之洞被召入京，其僚属为表纪念，集资于 1909 年建成此堂。

③ 祝釐：祈求福佑，祝福之意。

七、胜迹（三）

龙华寺　在宾阳门内。相传建自唐代，黄巢毁之。明始修复，清又补修。寺踞山阳，地势轩敞，禅房曲径，备极清幽。

观音阁　在汉阳门外，黄鹄矶上。明初敕建，壁镌“古头陀寺”。

长春观　道院也。在宾阳门外双峰山阳，元丘长春[①]建。

东岳庙　在宾阳门外五里。俗以三月二十八日为东岳神诞日，士女相率出游，谓之上庙，积习相传，牢不可破。

宝通寺　在宾阳门外十里洪山下。唐建，勅名幽济禅院。宋末，因随州数被兵，孟琪[②]湖北随州人迁大洪山僧众及其寺额于此，因易名洪山寺，敕名“崇宁万寿寺”。明成化时，始易今名。清代重修之。金碧弘丽，为武昌诸刹第一。

洪山塔　在宝通寺后。建于元季，原名临济塔。明易今名。清光绪时重修之。塔形八方，高七层，可眺远，今塔门已闭。附近有罗泽南殉节碑。

卓刀泉　在宾阳门外十五里，御泉寺内。一名关帝庙。相传关羽行军于此，卓刀得泉，故名。色白清香，饮之甘冽，以泉中含矿质甚少故也。

---

① 丘长春：名处机，字通密，号长春子，登州栖霞人。十九岁时，拜王重阳为师。元世祖忽必烈赠其“长春演道主教真人”封号，世尊“长春真人”。其弟子李志常撰有《长春真人西游记》，对其记载甚详。

② 琪：应作“珙”。

东湖门　在宾阳门外二十里。其地内倚崇山，南临南湖，北临东湖，水涨仅中通一路，形势最为险隘，故昔置戍于此，今戍撤而门亦渐圮。附近有南湖门。

琴园　在武胜门外。地位清幽，人工点缀，风景甚佳。

八、山水（一）

黄鹄山　起城东而达于西隅，黄鹤楼枕焉。山旧名紫竹岭，以有黄鹤腾紫竹间，故名黄鹄。鹄转音为鹤，故又名黄鹤山。山形蜿蜒，宛如长蛇，俗称蛇山。滨江处曰黄鹄岸，岸下曰黄鹄矶。

高观山　即黄鹄山中峰，高可瞩远，故名。或曰高观[①]山，以状肖冠也。明楚藩易名长春由[②]。

石城山　在省长公署前，南楼一带。因山为城，故名。

胭脂山　在城内高观山北。山脊皆石，色赤如脂，一名鞭脂山，三道街、粮道街以此分界。

崇府山　在城内东北隅，以山麓为崇阳王府[③]，故名。后刘别业建霭园[④]于此，故俗又称花园山。

凤凰山　在城北，以三国吴时有凤凰来集，故名。此处筑有炮台，为武昌要塞。孟宗[⑤]及其母墓，在其北。

梅亭山　在高观山南，中和门子城[⑥]依此。山顶有封建亭，内置

---

① 观：应作“冠”，据同治《江夏县志》改。

② 由：应作“山”，据同治《江夏县志》改。

③ 崇阳王府：据《江夏县志》记载，明朱元璋第六子朱桢被封楚昭王，就藩武昌，朱桢第五子朱孟炜被封为崇阳靖简王，王府设在此山，人称崇府山。

④ 霭园：清代有刘姓居士于乾隆五十八年（1793）在崇阳王府故基上修建草堂，题门额“霭园”，俗称“刘家花园”。

⑤ 孟宗：三国时江夏（今湖北孝昌）人，后因避孙皓字讳，改名孟仁，字恭武。少年时师从南阳李肃，后官吴国司空。素仁孝，“二十四孝”之一的“哭竹生笋”指的就是孟宗为其母求笋的故事。

⑥ 子城：大城所属的小城，即内城或附在城垣上的瓮城或月城。

明太祖分封御制碑文，字迹剥蚀。

萧山　在梅亭山西北，晋萧丹隐居处也。石壁巉岩，南城倚以为重，下有萧山矶，古舟师之篙迹犹存。

紫金山　在忠孝门外东北，至正二十四年，明太祖驻师于北。西北石壁，有吕仙卧迹，现粤汉铁路凿洞以敷设铁轨。

双峰山　在宾阳门外里许，一名白鹤山。其北麓有白鹤观，昔吴白鹤读书于此。

洪山　在城东十里，旧名东山。宋时以随州大洪山僧灵济尝至此，改今名。为城东屏障，当南来陆路要冲。历代用兵，倚为重镇。清季洪杨之役，罗泽南屯兵于此，是其明证。

九、山水（二）

司湖　在省长公署后。一名藩湖，一名都抚湖。

滋阳湖　在高观山阳。一曰南湖。内有墩，随水消长，又曰墩子湖。明相贺逢圣谥文忠，江夏人殉节于此。夏以荷胜，可资游览。其桥曰滋阳桥，明万历间建。桥北为长湖。

歌笛湖　在滋阳湖北。以楚藩种芦，取膜为笛簧，故名，又曰东湖。其北有晒湖。

宁湖　在平湖门内。一名菱湖，一曰明月湖。其桥曰明月桥，湖南有都司湖。

应山湖　在武胜门外，凤凰山临其上，故名。

沙湖　在武胜门外。粤汉铁路纵贯其中。

塞口湖　在县东五里。

余家湖　在县东北五里。

东湖　在县东北二十五里，一曰郭郑湖。

南湖　在县东南十五里。周二十里，旧名赤栏湖，与江通，其旁居民甚多。

十、山水（三）

长江　在县西境，环绕文昌、平湖、汉阳、武胜诸门，有江堤。

襄河　在望山门外，其浮桥即古王惠桥建于明代。今呼巡司河，以有巡检署[①]驻此，故名。南岸为金沙洲，清宁、汤孙诸湖水皆由此入江。一曰鲇鱼套，附近为古汉口镇，明初迁至江北，此地仅为渔人休息之所，今则工厂林立，粤汉车站在此，套外为南洋海军长江分队军舰停泊地。

新河　在武胜门外。清光绪时开，有上、中、下之分，可泊船。

金沙洲　在保安门外额公桥西南，头枕江口，与白沙洲对，永[②]自中江出。明时百货云集，商舟辏泊。兵燹后，遂移汉口，清乾隆时，估舶犹盛，设油盐一埠。漕船回空，亦泊此。嘉庆间，对洲交接，水口渐淤，遂移泊厉坛角旧讹为塘角，今改称营防口，在城北滨江旧时大堤尽处。

白沙洲　在金沙洲外。洲南即江，土壤甚沃，竹木贸易甚盛。湘人多侨寓于此，旅鄂湖南学校第四初级小学在焉。

武泰闸　在中和门外，以花岗石为之，工程甚大，为武昌江堤南段起点。清光绪二十四年张之洞建，可以宣泄湖水，抵御江流。

新桥　在保安门外，明熊廷弼[③]建。阔三丈许，水泛，两旁以木

---

① 巡检署：始于宋代，主要设于关隘要地，或兼管数州数县，或管一州一县，以保境安民为任。明清州县均有巡检，多设司于距城稍远之处。

② 永：应作“水”。

③ 熊廷弼：湖广江夏（今武汉市江夏区）人，字飞百，号芝冈。万历年间进士，曾任兵部尚书及辽东经略，有《熊襄愍公集》。

为闸，中筑土以障江水，湖田赖焉。清康熙时拆，旋额伦特[1]重修之，因名额公桥。光绪时因修武泰闸拆桥运木，至民国七年，许松林等始筹款修复，行者便之。

① 额伦特：科奇哩氏，满洲镶红旗人。曾任湖广总督。

十一、官署

湖北省议会　在阅马厂。起义时，于此设军政府。

湖北督办署　在望山门内西菜园。署前有彭刘杨三烈士彭楚藩，湖北鄂城人；杨宏[①]胜，湖北襄阳人；刘复基，湖南常总[②]人就义石碑。

湖北省长公署　在司门口。

湖北交涉公署　在三佛阁。

湖北财政厅　在臬正街。

湖北实业厅　在司门口。

湖北教育厅　在三道街。

江汉道尹公署　在三道街，辖武昌等二十九县。

武昌县知事公署　在汉阳门正街。

湖北高等审判厅及高等检察厅　在广仁堂街。

武昌地方审判厅及地方检察厅　在广仁堂街。

湖北第一监狱　原名武昌监狱，在文昌门正街。

湖北第二监狱　原名武昌分监，在九图山。

湖北全省警务处　在百寿巷，分署七。

水警公所　在永宁寺。

湖北烟酒公卖局及武昌印花税分处　在王府口街甲栈。

武昌征收局　在后长街。

---

① 宏：应作“洪”。

② 总：应作“德”。

武昌关　在汉阳门外筷子街。

武羊火车货捐局　在望山门外河街。

军米局　在平湖门外乙栈。

测量局　在黄土坡。

军煤存储处　在平湖门外。

军械局　在中和门内楚望台。

军储总局　在善后局街。

陆军审判处　在文昌门正街。

营产处　在大都司巷口。

军装存储局　在三佛阁。

湖北官矿公理[①]　在平湖门外丙栈。

湖北硝矿局　在银元局街。

湖北水利局及清理官产处　在王府口街甲栈。

武昌商埠局　在武胜门外二马路。

---

① 理：应作“署”。

十二、实业（一）①

武昌劝业场　在兰陵街。清光绪三十一年，张之洞所建。建筑甚壮丽，规画井然，南北两场号舍，计九十六间。各商营业，租有等差。理事者有场长、商董。惜少国货，殊失劝业本旨。其右商品陈列所，与本场同时修建，内分南、北、中三馆，今已裁撤。

武昌总商会　在兰陵街。清光绪二十八年立。

湖北省农会　在水陆街。

湖北全省农桑试验场　在保安门外，南湖板桥地方。清宣统元年，高松如创办，以植桑为主业、育蚕为副业。

湖北全省农林试验场　在武胜门外宝积庵。

湖北全省模范林事试验场　在宾阳门外宝通寺东侧。清光绪三十四年，高松如创办。

棉业试验场　在武胜门外。附近有林场，均直隶农商部。

湖北模范大工厂　初名善技场，在劝业场前，清光绪三十二年，张之洞创办。旋以亏累甚巨，改为官商合办。起义后，始更今名。民国六年，有商人吴干臣等组织公信公司，集资租办，设筑、织、化学、练纱四科。其出品远近畅销，全年贸易总额在百万元以上。

---

① 底本为“实业”。

十三、实业（二）

武昌布纱丝麻四局　清光绪十九年，张之洞创立，共费银五百万元。开办数年，亏折过多，招商承办，由应昌、楚兴两公司相继承租，均获厚利。现由楚安公司接办矣。至历年所需原料，如棉则取自黄冈、蕲水、孝感，麻则取自咸宁、蒲圻、阳新、大冶，丝则取自田二河属汉阳、仙桃镇属沔阳、彭市场属天门、簰洲属嘉鱼。兹分述四局概况如左：

（1）缫丝局　在鲇鱼套口。内分拣茧、缫丝、摇丝、打包四厂，机器购自英国，出品为黄丝、白丝，行销英美诸国。

（2）纺纱局　在文昌门外。内分弹花、拼条、一道纺纱、二道纺纱、三道纺纱、细纱、摇纱、打包八厂，机器购自英、比两国，出品为十四支、十六支、二十支、三十二支等纱，行销河南、陕西、山西、四川及本省各处。

（3）织布局　在平湖门左。内分牵纱、浆纱、织布、折布、打包五废[①]，机器购自英、比两国，出品为本机官布，销行内地各省。

（4）制麻局　在平湖门右。内分压麻、切麻、梳麻、拉布、浆纱、织布、帆布、打包八厂，机器购自德、比、日本，出品有麻帆布、棉帆布、线三角缎以及麻袋等。麻袋供本公司纺纱、织布两厂包皮之用。爱国布、线三角缎，武汉行销最广；麻、棉两帆布，各军队多用之。

武昌造币分厂　原名银元局，在银元局街。清光绪十九年，张之

---

① 废：应作“厂”。

洞就故守备署改建。翌年工竣，首铸湖北省造印模龙洋[1]重库平[2]七钱二分二厘六毫；三十年，铸一两银币重库平一两；宣统三年，铸一元大清银币重库平七钱二分六厘一毫。至铜币局则光绪二十八年，就厂东铸钱局即宝武局，清雍正八年设。改建。宣统三年，归并银元局，直隶度支部今为财政部，始改今名。其行政方面，厂长下：有工务、总务、化验三科；工作方面，有熔化大片、烘片、切饼、印花、摇洗等所。两厂屡加扩充，规模宏大，日需工人千余，可铸银币十万元、铜币四万五千串。所需原料，银则取诸国库，铜多购自外国，煤则取之萍乡炭炕，今西厂已停铸。

武昌电灯公司　旧在烈士祠侧。清宣统三年，吴县管祥麟呈湖北政府立案，招股开办，就湖北工艺局址改建。民国二年始竣工营业，其机器购于英、德二国，电灯达三万余盏，电杆千余杆，日需炭约十余吨。今迁于武胜门外。

湖北造纸厂　在望山门外白沙洲。清光绪三十三年，张之洞奏设需费甚巨，所用机器均自英、德购来，制造原料则为竹、木、棉、草各种，出品甚优，今已停工，机器锈乱，甚为可惜。

---

① 龙洋：清末地方各省自铸的机制银币，因背面采用龙纹图案而俗称“龙洋”。1889年，两广总督张之洞在广东钱局试铸库平七钱三分的银元样币，正面“光绪元宝”四字，背面为蟠龙纹，面值分为五等，称之为“广东龙洋”，是中国最早铸造的带有蟠龙纹的银币。1890年，张之洞又将银元重量改为库平七钱二分，渐成为一元银元的重量标准。张之洞改任湖广总督后，于1894年在武汉开制湖北“龙洋”。

② 库平：清朝国库收支使用的标准货币单位，清康熙年间订立。1908年，清朝农工商部和度支部拟订了统一的度量衡制度，规定库平一两为37.301克，库平七钱二分二厘六毫即26.954克。

十四、实业（三）[1]

① 正文原缺，照录。

十五、实业（四）

湖北官纸印制局　在大朝街。

湖北毡呢厂　在下新河。迭经官商经营，以折本停工。

湖北制革厂　在南河。

湖北官书局　在巡道岭。

耀华玻璃厂　在保安门外。

第一纺纱公司　在下新河江岸。民国六年开办，其出品销行甚广。

裕华纺纱厂　在下新河龙王宫。民国十一年开办，其出品销行湘、鄂、赣、豫等省。

震华[1]纺织公司　在下新河南岸。

光华染织厂　武胜门外箍桶街。

粤汉铁路机器厂　在武胜门外。

聚宝源机器厂　在汉阳门外江岸。民国四年开立，仿制各种机器。

衣庄银楼　多在芝麻岭。

典当业　散在城内。

金融业　有湖北官钱局在南楼前、中国银行在芝麻岭等。

绸布号　在司门口及火巷口等处。

---

① 华：应作“寰”。

书业　在察院坡及横街头。

旅馆　在抚院街、斗级营、大朝街三处。

医院　有同仁医院在广仁堂街、仁济医院在县华林等。

其余名目繁多，不及备载。

十六、交通

轮渡　出汉阳门外乘和春公司轮渡江至汉口华街；乘济川、公济两公司轮渡至汉口租界；出平湖门乘和春公司轮渡江，至汉阳东门，甚为快便。

粤汉铁路　总局在徐家棚，其车站在城外者有三：

（一）徐家棚车站　在武胜门外，为本路北段首站，与京汉路之江岸站，隔江相峙。

（二）通湘门车站　在通湘门外，湘人往来，可于此上下火车。

（三）鲇鱼套车站　在望山门外，往来旅客甚多。

武昌邮政总局　在芝麻岭，支店五。

武昌电话馆　在大观山。内分交换、铅线、引擎、测量、电池等室。通话者在武昌达六百余号，并可由此与汉口、汉阳通话。

武昌无线电报局　在宾阳门内。民国初设立，机器购自德国，内分电力部、收发电报部、天线地线部。取费与有线电报同。

电报局　在交涉署内。

以上邮电铁路，均归交通部管理。

洪山宝通寺志

〔清〕天正/编辑　〔清〕松泉/增辑

〔清〕达澄/增辑

昌学汤　点校

前　言

洪山，原名东山，被誉为“三楚第一雄峰”。相传南北朝刘宋时建黄鹄亭于其上，唐贞观年间始建寺，曰弥陀。宝通禅寺位于洪山南麓，“道场宏丽，为天下第一”（清刘献廷《广阳杂记》）。

宝通寺渊源于随州大洪山寺。唐有僧善信为民祈雨，许龙神“以身代牲”，后“引刀断双足以饷龙神”，善信因此而逝，而双足留镇山门，肉色久而不变，人称“佛足”。文宗皇帝闻之，赐大师号曰“慈忍大师”，供双足于寺，赐寺额曰“幽济禅院”。宋端平年间，随地屡次遭受兵燹，寺内建筑几成灰烬，荆湖制置使孟珙、都统张顺等奏请迁建于鄂之洪山，敕号“崇宁万寿禅寺”。元至元七年（1270），于寺之东北山腰建塔，名曰“临济宝塔”，并置田三十余石以赡僧。至顺三年（1332），又建大雄宝殿及各殿宇，并将塔重修，高十三丈三尺，广十一丈二尺，顶一丈三尺。明成化二十一年（1485），敕赐为宝通禅寺，将塔更名为宝通塔。正统、景泰、弘治、正德、嘉靖、万历年间，前后屡有修建。崇祯乙亥（1635）春，明楚昭王九世孙璧山侯重修弥陀殿，修葺千手大士、五百罗汉诸殿宇，内外焕然一新，戊寅（1638）秋始落成。可惜明末丧变，寺塔惨遭蹂躏殆尽。清康熙丙辰（1676），巡抚张朝珍、藩司徐惺等捐资兴修，建造殿宇百楹，宝塔七层，庄严轮奂，更胜从前，且又增香火田五十石。乾隆、嘉庆间，督抚毕沅等迭次修葺。咸丰初三经战火，殿宇、宝塔几就倾圮。咸丰八年（1858），前两院宪官文、胡林翼建复二佛殿。光绪年间，湖广总督李瀚章、湖北巡抚郭柏荫命沙羡袁太华劝捐兴修，并发铜万斤铸塔顶。但因经费不足，以致工程难办，从同治十年辛未（1871）冬至十三年甲戌（1874）三月，将塔修葺竣工，其余仅建斋堂、山门、上下阶台二百数十级，后借兴修岳忠武庙之机，修建了弥勒天王殿、法堂、禅堂、僧房、客厅，之后又将塔前之亭修复，直到甲戌仲冬才完工。

自唐宋至明清，名公巨卿、骚客词宗，或敕建捐修，或在此凭眺歌咏，留有众多记、序、额、联、诗、赋、引、跋等，汇于一书，即此《洪山宝通寺志》。

宝通寺志先有雍正十一年（1733）刻本，为天正方丈主修，共分上、中、下三卷。卷上主要有殿、亭、塔、龛简介和历代护法、历代住持记，卷中收录历代碑记，卷下除艺文外，另有寺产部分。至光绪年间寺僧松泉又增补若干条，主要记录雍正朝之后，同治光绪年间事。光绪时达澄方丈主修寺志，在前志基础上编纂增补一卷，除增补碑记，护法、住持记外，另有《洪山宝通寺历代祖传法派渊源记》一文和捐资续刻庙志者名录。其中前者梳理了从初祖善信禅师遵临济派到法传二支再到四支分传的渊源，井井有条。

方丈达澄和尚，曹洞正宗第五十世，主席宝通禅寺期间，请县示禁妇女入寺挖菜、混杂无知、践蹋一切等事，募化施主，输捐香火田地。并于光绪八年（1882）主持续修《洪山宝通寺志》。

正如志中序言所说，“天下名山大川，古刹丛林，十方僧众，聚者数百，而庙宇百数千年，兴于何时，毁于何时，建于何时，若无稽考，何能知其原委？是赖在有志耳”。《洪山宝通寺志》记载唐宋以来有关宝通寺的人物和事迹等资料，有关宝通寺的兴废清晰明了，且迄今仅此一部尚存。故而该志在武汉佛教史上地位突出，是武汉唯一的一部传世寺志，也是武汉弥足珍贵的古代文献和不可多得的专志。

此次出版，由昌学汤负责点校，以光绪八年（1882）刻本为底本，以武汉方志馆所藏为校本。底本初藏湖北通志馆，转藏中南图书馆，后为武汉市佛教协会所藏。

需要指出的是，光绪《洪山宝通寺志》的编次有些许混乱之处，主要表现在目录中的文献标题与正文标题不一致，诗文分类不尽准确，等等。本次校注时尽量保持原貌，只在容易引起混乱之处出注说明。

目　录 / Contents

光緒八年續纂

洪山寶通寺志

板藏本寺

洪山宝通寺续修庙志序

国之有史，家之有谱，各直省之有志，故历来事迹皆有所稽考焉。天下名山大川，古刹丛林，十方僧众，聚者数百，而庙宇百数千年，兴于何时，毁于何时，建于何时，盛于何时，若无稽考，何能知其原委？是赖在有志耳。《宝通寺志》载唐宋以来事迹，了如指掌。当时刷印分送必广，迄今仅本寺一部尚存，似有神护，使寺之不致泯灭也。

咸丰初，粤逆[①]扰鄂，宝通寺之庙塔、墙垣，荡为丘墟，僧众逃亡，不意即有匪徒欲分占基址、田园。六年丙辰，庙僧能慈回山，砌砖为室，借草为榻，苦守其间。八年，督宪官伯相[②]饬首府，在大雄殿旧基之中，就一尊佛身，修三间殿宇。嗣后，庙僧积逐年租稞[③]兼募化钱文，东西两边又扩充数椽，聊作客堂、方丈，捡拾砖块，砌围墙界址。同治四年，官伯相又建中佛殿，塑罗汉十八尊，修山门，塑水火金刚。七年，领带楚军蓝军门[④]，魏、曹两总镇[⑤]，捐修西首客堂。寺中僧已有数十人，仅山上一殿之前后左右为栖身所，各处殿宇、七

---

① 粤逆：指太平天国起义军。
② 官伯相：官文被清廷封为一等果威伯爵位，故以伯相尊称之。
③ 租稞：即租课，指地租。
④ 蓝军门：指蓝斯明。军门，清代对提督或总兵加提督衔者的尊称。
⑤ 魏、曹两总镇：魏，指魏元禄，河北总镇管带。曹，指曹俊扬，湖北总镇管带。

级浮图，其工甚巨，募化维艰。同治十一年，督宪李公、抚宪郭公[①]，以百废具兴，命余修寺塔，劝武汉各商殷实各户输将，造浮图，建弥勒天王殿、法堂、禅堂、护法堂、凉亭、花厅、斋堂，又于寺之东南建岳忠武庙，历三年始工竣。光绪二年，刘幹臣军门于中佛殿西首，捐修祖师殿，请铁身像，装金供奉，复于东首捐修武圣殿，心愿均出至诚。五年，李制府[②]令工程局修接引殿，塑诸天像东花厅、西佛堂。庙僧又募化功德，修观音堂、普同塔、功行堂、五观堂、大尞[③]、仓屋等工。

惟是粤逆扰后，庙貌重新；田亩荒芜，清厘复旧；庙规各条，亦斟酌妥协。即宜续纂新志，载入种种，则宝通寺之永垂不朽，赖有志乘之永垂不朽也。

是为序。

光绪八年夏六月

沙羡八十又一老人袁太华[④]谨识

① 督宪李公：指湖广总督李瀚章。李瀚章（1821—1899），字筱泉，安徽合肥人，大学士李鸿章之兄。同治六年至光绪八年（1867—1882）的16年间，李瀚章与李鸿章交替为湖广总督。　抚宪郭公：指湖北巡抚郭柏荫。郭柏荫（？—1884），字远堂，福建侯官人。道光十二年（1832）进士。同治六年（1867）任湖北巡抚，并署湖广总督。

② 李制府：李瀚章总督。制府，明清时对总督的尊称。

③ 尞：疑为“寮”之误。寮，僧舍。

④ 袁太华：（1801—？），沙羡（古县名，治所为今之江夏金口）人，豪绅，捐二品顶戴，江苏补用道台。

洪山敕赐宝通禅寺志凡例

一　志中系天正相嗣祖编辑者，均依原本三卷，各归各例编入。

一　志中二卷内参订者，系监院某睿慧师，睿字上一字恭避圣讳改宏字。

一　志中历朝年代，循次编入。

一　志中三卷艺文之类，下注某朝某年某公作，使阅者醒目。

一　志中自云庵兴祖相传至中频睿祖，皆临济派为本寺主席。国朝乾隆五十七年，经前督院毕秋帆[①]公访延觉音祖主持方丈后，斯山主席始归曹洞，今仍之。

一　志中住持门，自海滦祖一支相传后，住持方丈者宜择有德者居之，不沿俗例，以三年更换为率，仍遵前抚宪高公[②]清规示，不得自立长老名色。

一　志中四卷住持门，以前方丈嗣祖，因兵燹事实失传，不敢妄录，谨书嗣祖上下。

一　志中四卷住持门，从常明身座主老和尚首叙。自兵燹后，寺中经典、文券、法器等件，均经座主同监院能慈暨两单大众竭力护持，从此座主方传二支：识现、识福二师。二师传四支，出瓶拈阄，依次轮转为本寺主席，不得紊乱。

---

① 秋帆：毕沅（1730—1797）字秋帆，自号灵岩山人，江苏镇洋（今太仓）人。乾隆进士，官至湖广总督，文学家。治学范围较广，由经史旁及小学、金石、地理，也能诗文。著有《灵岩山人文集》等。

② 抚宪高公：高士俊巡抚。高士俊，清顺治三年至五年（1646—1648）任湖广巡抚。

洪山宝通寺志总目

---

① 据正文，此条后脱“洪山寺记”及“为申严条约以肃清规而杜觊觎事碑”二条。

洪山敕赐宝通禅寺志卷之上

江夏袁莲峰[①]方伯鉴定

嗣祖比丘天正相编辑原本

侍者性天远参订原本

孝感沙门佛林松泉增辑

古随比丘戒空淡然编次

序

洪山敕赐宝通禅寺志序

盖闻天地精英之聚，结为名山；山川景物之胜，爰建寺宇。凡有可观，均堪不朽。古鄂一大都会也，堑山而城，沿江而池，控荆襄而踞汉黄[②]，其间都邑之壮丽，宫室之完美，层岚[③]叠嶂，鹿苑、鹫峰、昙林、月殿之星罗而棋置，可以供赋咏，寄啸傲，溯元元以避谷，谈空空而坐化者，未易仆数。而三大洪山，惟鄂称最，周秦以前，无论矣。

唐有僧善信，乃洪州人，诞于代宗广德二年，受度于开元[④]，嗣法

---

① 袁莲峰：清光绪年间的湖北承宣布政使司布政使。

② 汉黄：指汉阳、黄州二府。

③ 岚：疑为“峦”之误。

④ 开元：指洪州开元寺。唐玄宗于开元二十六年（738），敕令各郡建开元寺，作为官方寺院，主要负责国家之祝典法仪。

于马祖[1]，缘空四相，力造五台，居常运水担柴，为僧炊爨，而意量宏寂，崵如也。敬宗宝历二年春，祖偶假寐，忽闻人语，声震若雷，呼祖告曰："女缘在南，逢随而止，遇洪而住。"祖惊疑起视，乃妙德现相，谕令南来。祖于是日遂拽杖履，泠然御风，行不移时，得随之洪而驻足焉。至则深入岩窦，跏趺而坐，云盘顶上，虎踞左右，饮泉食柏而已。山主张公武陵往视异之，因问："坐意何为？"祖曰："吾欲募此山，建一梵刹。如喜舍，吾令虎导女前驱。"公唯诺，虎即翼公以行，随缘募化，不数月而成精舍。于是张公率其子拾孙贰，封爵侯王，五体投地，以侍于祖。是岁，随大旱，张公具羊豕以祷。祖叱之曰："雨旸不时，本由孽感，徒残生命，无益耳！吾为女祈，请以身代，期三日。"果雨，甘澍淋漓，岁获有秋。文宗太和九年五月念九，祖晨兴盥嗽[2]，设瓣[3]合十，笑语龙神曰："吾曾以身许尔，尔啖吾，吾庶践吾前言。"语毕，引刀断双足以逝，白液滂流，神色不渝。世寿七十有二。有司以其事奏于文宗，赐号慈忍大师，供双足于寺，敕额曰"幽济禅院"。后又加赐"灵济大师"，兼封张公子孙十二人为祖佐神，以护庇乎十方。此随之洪所由盛，即鄂之洪所从来也。

宋端平间，随地屡遭兵燹，举目荒烟，一往焦土。时荆湖制置使孟公珙[4]、都统张公顺[5]，慨幽济禅院既以涉墟，而慈忍又不再来，念切鼎新，何惜改卜？而况古鄂方城，汉水之隅，奇离偃仰，来自九龙，

---

① 马祖：指道一。道一（709—788），唐代禅僧，南岳怀让法嗣。俗姓马，世称马大师、马祖，名道一，汉州（今四川广汉）人。有《马祖道一禅师广录》《马祖道一禅师语录》等行世。

② 嗽：疑为"漱"之误。

③ 设瓣：设瓣香，佛教语，即敬香。

④ 孟公珙：孟珙（1195—1246），南宋名将。字璞玉，绛州（今山西新绛）人，随父徙随州。

⑤ 张公顺：张顺（？—1272），南宋都统，抗元民兵将领。

与黄鹄山相掩映者，云间东岭，树里南湖，视随之洪更巨观也。遂奏请理宗发帑金，诏建宇于弥陀殿前，高其闬闳，廓其趾基，敕号“崇宁万寿禅寺”，迎双足于随，徙寺额于随，延云庵兴禅师于随，以主鄂席，其制度规为，仍随遗意，而恢宏卓越，实与头陀、宁湖、铁佛、龙华等寺，后先颉颃。而向之诏建于随，今则开山于鄂矣。

乃云庵之后，继以无诤，一再传而则翁，住于许[1]，而许之洪亦建寺焉。方元世祖在潜邸兴师，南伐驻鄂。元兴，遥见慈忍化迹处，皆成异采，特加敬礼。后班师还命，则翁函双足扈从至京，帝命安于秘宇而尊奉之。至元元年，帝登九五，遣使偕则翁送双足还鄂，道经许州，遇许之洪，而双足莫能起，俨若随之洪，即欲住随者。使归奏，帝命有司建寺于许，以则翁主席于其间，故许之洪，至今得与随、鄂并峙也。

则翁住于许而不返，无积禅师乃主鄂席。继则缘庵始建临济塔，置土田三十余石，下及玉崖，无边，渐就倾颓。至竹溪，而存者止旧弥陀一殿，余皆不堪追忆。向非枯木禅师来主兹席，其又何以接慈忍之正宗，寻灵济之坠绪也哉？枯木禅师者，嗣法于灵隐悦堂禅师者也。妙真如来，果证菩提，捐衣钵万余缗，募耆旧宗森，亦捐万余缗，众数万，始建大雄宝殿，重修宝塔及两廊、山门、万佛楼、云水堂、藏经阁、祖师殿、公王殿、天书阁、钟楼、丈室、库、寮、香积等处，始事于至顺三年，落成于至正元年，栋宇翚飞，佛茄[2]森罗。盖自幽济敕建以后，从未有如此其盛者也。元翰林学士兼经筵国史总裁参知政事江夏郡公谥文献金华黄公，心仪其人，因撰其事而勒诸贞珉[3]。明

① 许：许州。
② 佛茄：今译作佛伽。佛教寺院。
③ 贞珉：石刻碑铭的美称。

昭王封于楚，奏请高僧龙门主席，重为开山，故制较崇，而其规模较远。正统十年，特赐藏经五千四十八卷，复颁玺书护持。成化二十一年，敕赐“宝通禅寺”，更塔为宝通塔。弘治十三年，刘公承奉、长史徐公朋修钟楼。明年，奉政大夫山阴王公传其事，以示垂诸久远，就东吴良工刊碑，付住持宗易[①]归竖弥陀殿左。而僧人非二亦捐，磨顶踵[②]，力慕[③]重修。然而盛衰有数，成毁有时，明末丧变之余，摧残剥落，亦殆尽已。即寺前香火田地，寺后山场大段，奸豪据为己有而靦不知耻者，真堪悼恸。

国朝圣祖仁皇帝临御以来，海宇升平。岁癸丑，大司马张公[④]巡抚湖北，群钦生佛，息事宁民，刑清政简。公退之余，偕方伯徐公来兹山憩息，见其殿宇凋残，不避风雨，顾谓徐公曰：“洪山数椽，历代帝王所敕建，难任销毁，况山川景物之隆替，关都邑之废兴；都邑之废兴，关运会之盛衰。我等身充大吏，修废举坠，耑赖乎旋斡。”乃与方伯公捐资兴修，计日告成，颜其额为“报国祝圣丛林”。外置水田五十石，柴山一段，坐落夹山、东阳岭等处。以三十三石并柴山给禅堂，延俞昭禅师开堂接众；以十七石与各静室，资备香灯。每岁止完正饷漕粮，其余杂差，均奉各宪豁免永禁。所有田地、山场文契，谕令徽西两匣收贮。杂差禁示，并荆南参军杨公书文，俱存常住。本山所存界址：东抵东岩大堑，南至钵盂山岭，西至大路，北至本山脊岭，周围十里。正殿六重，两傍斋堂、禅堂，上下亭阁，共计百楹，宝塔七层，周山八景，僧塔四座，静室一十二处。

---

① 宗易：后文作“宗皛”。

② 磨顶踵：摩顶放踵。从头顶到脚跟都磨伤，形容不辞辛苦。

③ 慕：疑为“募”之误。

④ 大司马张公：湖广巡抚张朝珍（？—1680），字玉如，任期为康熙十二年至十九年（1673—1680），卒于任上。赈饥救民，护持佛法，颇受楚人拥戴。

自唐宋元明以及我朝，名公巨卿，骚客词宗，敕建捐修，凭眺歌咏，类皆有记、有序、有额、有联、有诗、有赋、有引、有跋。余本愚鲁，至微至陋，谬忝方丈，非敢纪次，蒙抚宪德大人[①]暨各宪大人，祭农临山，询及洪山志典，正恐日久事湮，胜迹无征，故传次之，以志不朽云。

是为序。

时雍正十一年，岁次癸丑，季春月穀旦

临济正宗第三十四世嗣祖比丘无相手书

募缘疏[②]

钦差提督屯田总理盐法兼管水利整饬仓粮湖广按察司副使荆溪蒋如奇，于崇祯己巳年夏六月书洪山寺《募缘疏》。

鄂多名迹，仙凡共憩，然皆夷旷，雄荡之观少。行回葱蒨，足寄幽赏，独洪山一带，距城不十里，层峦叠嶂，岩崿万状，苍翠扑人衣袂。寺名“崇宁万寿”，特据其最胜。山门四松甚古，虬枝霜皮可肃。寺之规制亦不减祈年、未央[③]。山后一塔，登其巅，则诸山之散聚、起伏、参错毕献：如鸟之翔，如兽之蹲，如月之浮，如铛之覆。望武昌万家，又如蜂房之缀，且重湖环布，映若琉璃。遥瞩大江，轰雷喷雪，心目益开。昔人谓如镜中游，兹山似之。读旧记，上有岳武穆手植松、斗牛亭、仙人石，数崖拨藓寻之，皆已废为墝。

然兹寺，相传为慈忍大师断双足饷神龙祷雨处。余深感慈师愿力

① 德大人：湖北巡抚德龄，任期为雍正十年至十二年（1732—1734）。

② 底本只一“疏”字作题，校者据底本总目改。

③ 祈年、未央：指祈年殿、未央宫。

猛利，事属希有。昔神光断臂为求心要，慈师断足为益众生，令千古一揆，皆非凡情可恻。时旱魃为虐，四野俱灾，方仰借大师之享佑，以挽云汉。何忍袈裟一片地，任其荒芜剥落，不为之修葺乎？

乘王孙华籁、华玖，住持僧，宗子之请，斥奉金数镮，谋一新之。嗟夫，大师不惜双胫啖神龙，今人宁惜寸铢答大师也。

是为疏。

殿亭塔龛[1]

殿宇 此系原本殿宇基存

头山门	一重三间
金刚殿	一重五间
弥勒殿	一重五间
钟楼	一重五间
大雄宝殿	一重九间
弥陀殿	一重五间
方丈	一重五间
禅堂	一重五间
斋堂	一重五间
准提殿	一重三间
官客堂	一重三间
香积厨	一重五间
两廊各房	九间
祖师殿	一重三间

① 此标题底本所无，校者据底本总目补。

公王殿	一重五间
祚胤殿	一重三间
杂务寮	六处

亭阁

官厅		一重五间
斗牛亭	基存	
黄鹄亭	基存	
秋香亭	基存	
映月亭	基存	
遇仙亭	基存	
悠然亭		三间
百子亭		六方
白云阁		一重三间
更衣亭		三间
司茶所		二间
官舍		三间

宝塔七层

一柱擎天

二仪高下

三山半落

四顾茫然

五云多处

六合清朗

七级浮屠

僧龛

龙门海　宝昙应　严序纪　僧非二

僧龛四座。外有龛不足载志者，勿论。

常明大和尚，三次主席，有功行，身后有龛。

能慈，监院三十余年，兵燹后历尽艰苦，功行众推备，有身后之龛。

八景[①]

东岩　云扃　杯蹲　翠屏　栖霞岩　狮子峰　仙人石　寿字云

护　　法

唐

但有点滴在山，开载功勋，庶不落空虚。[②]

按稽鄂渚，黄鹄山之东十里许，有洪山，古名东山，乃三楚第一雄峰。上有黄鹄亭，相传刘宋时建。寺始贞观年间，额曰“弥陀”。寺面南，山门西向。细查，乃尉迟公培植鄂城风水，并非镇压井蛛、湖怪之为也。

护国公张公武陵有事迹。

文宗皇帝太和九年敕封善信禅师为慈忍大师，赐额“幽济禅院”。

武宗皇帝会昌元年，敕封善信禅师为灵济大师。

---

① 此八景系摩崖题刻八处，今存，在宝塔附近可觅。为湖北省保护文物单位（1992年12月16日公布），称“洪山摩崖题刻”。

② 底本如此，此行文句疑应置“唐”字前。

宋

忠武王岳公飞，高宗绍兴年间登山手植巨松，形貌如龙。

宁武军节度使四川宣抚使兼荆湖安抚制置使汉东公开国侯孟公珙迁寺见前。

都统张公顺迁寺见前。

理宗皇帝端平五年[1]，敕赐崇宁万寿禅寺。

荆南参军河阳赵公淳，字清老，作《东山赋》《寿字跋》。

元

世祖文武皇帝，喜则翁佛法相契，命函双足扈从至京，后住许。

掌理荆湖制置使吕公文彦，追文德，重修寺院，与无积为香山友。

善士陈觉富作缘见下。

翰林侍讲学士兼经筵国史总裁中奉大夫江西等处行中书省参知政事江夏郡公黄公晋卿，力护枯木，撰文石存。

明

楚昭王，名桢。洪武十五年，启奏太祖高皇帝，请浙之龙门海禅师主此鄂席，修理大雄宝殿、弥陀殿、弥勒殿、金刚殿、禅堂、戒堂等处，庄严佛像。十七年，铸青铜钟五千四十八斤于钟楼。二十六年，师涅槃，命建塔于本寺西山，赐祭葬。二十八年，太祖命昭王往南京，迁宝昙应禅师灵骨，建塔于本山之西，赐祭葬。

楚庄王，名孟烷。正统元年，铸青铜钟一鸣，重一千二百斤，于

① 端平五年：宋端平年间为公元1234至1236年，仅三年，此处“端平五年”有误。

大雄宝殿。

英宗皇帝，正统十年，赐藏经五千四十八卷，赐玺书护持，赐亲书金字《法华经》一函，金像三尊，命康王季埱亲送于藏经阁，制备经柜、经盖等事。

楚靖王，名均鈋[①]。景泰六年，修理大雄宝殿、禅堂、藏经阁、法堂、方丈、两廊、山门及香积、库、寮等处，天顺二年完工。成化二十一年，启奏宪宗皇帝，敕赐“宝通禅寺”，更塔为“宝通塔”。

迪功郎纪善官马公纯监修，撰文立石于弥勒殿前。

迪功郎纪善官管公延枝监修。

右长史伴读官马公驯监修。

都尉刘公承奉，弘治十三年修钟楼、弥勒殿。参知政事右长史王公綎撰文立石。

楚端王名荣滅，登山祝禧，供佛，斋僧，诗赞，数莫能计。

陈墀、王守成、方清、郭懋、杜一山、罗琳、张希范、刘孜八位，系府州县，游洪山，和僧万川韵诗八首。

楚惠王，名华炷，字鹄瞻。万历十九年，奏光宗[②]皇帝颁发帑金，重修各殿。碑文存。

赐进士出身敕兵备越粤兵科给事中侍经筵讲官李宗鲁撰文立石于禅堂之东。

璧山侯，名蕴瑠，昭王九世孙，重修各殿，庄严佛像及五百阿罗汉，造钟、香炉、云板，绣旛，然灯，斋僧护持，共计三十余年。碑文存。

赐进士及第光禄大夫太子太保礼部尚书文渊阁大学士文忠公贺公

① 均鈋：庄王孙。又据清康熙《湖广武昌府志》，名均钝。
② 光宗：疑为“神宗”之误。万历为神宗年号。

逢圣撰文。

赐进士第奉政大夫知河南汝宁府事刘公民悦，监修各殿。

赐进士第户部山西司员外郎汪公桂，委修督工，载在寺碑。

宗伯郭公正域，护持有诗。

经略襄愍公熊公之纲，字廷弼，征辽得鼍皮，造大雄宝殿法鼓。

榜眼熊伯龙，于自在庵攻书，有诗载石，不全，不录。

赐进士第翰林院学士兼太子太师礼部左侍郎程公正揆，有《洪山记》。

大夫杨士奇，有《洪山记》，载县志。

学士杨东里，登洪山，有《遇仙记》，载楚端王诗内，本山无存。

武冈王，名显槐，别号少鹤，有诗。

康靖王，名孟炬，寿昌王、长乐王及诸王护持，莫能尽述。

钦差提督屯田总理盐法兼管水利整饬仓粮湖广按察司副使蒋如奇，有募疏碑存。

国　　朝

大学士吴公正治，有诗。

巡抚刘公兆麟[1]，每逢初一诣寺，拈香拜佛，耑祝风调雨顺，国泰民安。

巡抚张公朝珍，字玉如。康熙十二年到任，十三年遇吴逆变乱。公奉旨运米，自捐夫差，造筏救民，以及赈饥，掩埋浮尸等事。一日，偕方伯徐公惺，字子星，登山见梦中罗汉，告于徐公。如是，同修殿宇佛像，栽松培植。山水焕然一新，赖公之力也。公之好善，不独在

---

① 刘公兆麟：“麟”疑为“麒”之误。刘兆麒，字瑞图，隶汉军镶白旗，宝坻（今天津市宝坻区）人。顺治间，由官学生授秘书院编修，顺治末擢升湖广巡抚，爱民护寺，颇有口碑。

兹，又修县学、铁佛寺、正觉寺、四面佛、痘母殿、福城庵，立义学数年，买义冢数段。公薨之后，至今楚民无不称羡，是以名宦不能除也。有免杂差禁碑，立杨福桥。

藩宪徐公惺，字子星，捐修各殿，重镌白云台石额，有序，有诗，有免杂差禁示传寺。

翰林院编修经筵侍讲学士知江南学院事胡公润，于弥勒殿苦心攻书，有诗有扁。

臬宪佟公康年，同时助修。

臬宪吴公毓珍，同时助修。

粮宪李公为霖，同时助修，有扁。

驿宪余公三汲，同时助修。

学宪蒋公永修，同时助修。

都宪钱公腾云，同时助修，外造供器四十余件。

抚标左都督单□□[①]，监修。

抚标左守府岳□□[②]，监修。

武昌府杜公毓秀，监修，有免杂差禁示。

江夏县刘公朝英，委监修，有免杂差禁示。

定南王偕诸王登山观眺，与俞昭联句，赠礼物八色。

巡抚慕公天颜，与润堂佛法相契，每以师兄称之，来山必宿。

徽匣大护法吴鼎和，施柴山，碑刊东廊。

抚标左都督姚□[③]，有扁。

督宪丁公，造幢幡八挂供佛，有免杂差禁示传寺。

---

① 底本为两空格。

② 底本为两空格。

③ 底本为一空格。

抚宪杨公素蕴，有对二联。

督宪吴公琠，供佛灯三年。

驿宪张公士伋，修理方丈。

粮宪张公圣佐，重修宝塔，更移塔殿，建悠然亭，赠严序扁，见二卷，有免杂差禁示传寺。

翰林院编修陈公大章，有诗。

督宪郭公琇，与严序作诗文交。

戎府图公纳，有对，见后。

江夏县洪公国辅，重修圣牌，挂幡，斋僧，与严序建塔。

督宪鄂公海，有扁献佛。

藩宪吕公犹龙，为母请苍石追悼，甚喜。公与师作语录，序题像赞，后助龛费。

云南藩宪李公本晟，有扁。

赐进士第授文林郎武昌府武公廷适，施供器，斋僧。阿哥有坟在山，松林之西。

臬宪李公华之，有扁。

学宪王公祚兴，有扁。

武昌府朱公昌绪，有扁。

抚标守府蒋公璟，有扁。

藩宪张公圣猷，修祚胤殿、两厢、门楼。

抚宪陈公、纳公，每次登山，凭眺吟韵甚多。

翰林院编修马公汝为，有扁对。

翰林院庶吉士刘师恕，有扁对。

藩宪张公圣弼，护理督抚事务，补葺公王殿、祖师殿。

粮宪许公大定，护藩宪事，修白云阁，补葺方丈、客堂，在山斋僧、施衣、施药等事。

武戎府张公廷枢[1]，补葺塔户、然灯等事。即今粮宪，升江西臬司。

候选州同秦公吉祥，修理白云台、观音殿并观音像，又修复兴殿、自在庵、百子亭。

督宪傅公，抚宪张公，学宪于公，藩宪郑公、王公，臬宪桑公、蔡公，守宪殷公，驿宪柳公，本府章公、张公，捕府祖公，江邑邹公、王公、张公，两匣吴公、秦公，修理弥陀殿、大雄宝殿，俱护持中频公。兴工一年，尚未结局，而中师逝矣。

乡进士张公文铖，在寺读书、写经文。

翰林院庶吉士王公开泰，知博罗县事进士开运，知房山县事举人开藩，管理盐运分司事举人开铨，现任知大姚县，以及子侄，俱在本寺宝德宫读书，岁时往来，声气相符，不负读书之地也。

督宪迈大人，每登山必拈香拜佛。雍正八年，办供庆贺佛诞。

抚宪王大人，临山观视良久，细加查问山形来源。

守宪朱大人，亲临绘山图形。

雍正癸丑秋，蒙各宪大人，奉当今皇帝上谕，于湖广斋僧一万，敬谨办理。本山分斋一千五百众，以酬雨愿，命方丈僧无相建醮祝圣，领斋三日。方丈僧无相复率各庵僧众诵经，恭谢皇恩无尽矣。

襄陨[2]守宪赵公，为母修福，庄严圣牌，永远供奉。

本府张公给印，疏募各铺，修理一柱、两枋。

邑侯张公亦从事。

---

① 张廷枢：据府志，“枢”当作“宾”。张廷宾，字上卿，江夏人。崇祯十二年（1639）举于乡，顺治六年（1649）进士及第。授黎丘令。讨平山贼，亲历各村镇，抚集流亡。王师旋经黎邑，单骑伏谒，极言兵燹之苦，请禁侵掠。王为之感动，荐迁粮宪，再迁江西臬司。

② 襄陨：疑为“襄郧”之误。襄郧，襄阳与郧阳两府。

藩宪王公克庄，升太常寺，募修从事。

原江西臬宪柳公国勋，现任刑部郎中，修理从事。

陕西臬宪杨公秘，在山然灯，装修罗汉金像二尊。

学宪潘公宗洛，登山吟韵甚多。

藩宪李公基和、臬宪王公肃章，登山俱有吟韵。

江南淮安府阜宁县叶公存仁，助修。

住　持

唐

始祖名善信禅师　开创随地大洪寺，敕赐幽济禅院，赐号慈忍灵济大师。

宋

云庵兴禅师[①]　乃祖七世孙。主此鄂席，重为开山，寺院一新，增慈忍殿、公王殿，世世子孙，以宗为派，至今无异矣。敕赐见前。

无诤顺禅师　欲开井，一夜，梦神告曰：“当面有泉，尔何不开？”师待天晓，寻其润地，遂开二池，名青、白池，至今不竭。

则翁实禅师　住未久，迁于许，为许之开山。徒众详于许，今住祖之裔也。

元

无积聚禅师　至元五年，募修殿宇，吕公从事。

---

① 云庵兴禅师：一般禅院，敬称禅师，往往略去字派。“云庵”为法名，“□兴”为派名，“兴”前之字为字派。今无法厘清字派，下略不注。

缘庵遇禅师　至元十七年兴工，始修灵济宝塔，至元二十八年，工竣。门首置田地三十余石。崇祯十五年，遭奸豪盗卖学宪为学田，后山一半并失。

玉崖润禅师　寺遇灾毁，止存弥陀殿。师募重修，工竣，增秋香亭、白云亭。

竹谿禧禅师　住未久而逝。

枯木华禅师　至顺三年，四围定界。元统二年兴工，始建大雄宝殿九间，塑合堂佛像，两廊各九间，山门三间，改南向，建万佛楼、演法堂、钟楼、天书阁、藏经楼、方丈、经台、库、寮、香积厨等处。至元元年①，工竣。金华黄公从事，撰文，碑立弥陀殿前。

明

龙门海禅师　洪武十六年，奉旨召住，重为开山。昭王从事，殿宇一新，皆师之力也。

则庵铸禅师　庄王修理从事。

铭铸宗禅师　正统六年兴工，重修宝塔、殿宇，蒙赐藏玺书等件。康王从事。

碧空鉴禅师　景泰六年，重修大雄宝殿、禅堂等处。靖王从事。复蒙敕赐，碑立钟楼前。

东晖皛禅师　弘治十三年，修理钟楼等处。端王从事，碑立弥陀殿前。

崒公宗禅师　正德二年，同宗恺、宗楠、非二，各捐衣钵，重

① 至元元年：据卷之中《武昌大洪山崇宁万寿寺记》"始作于元统二年某月，讫功于至正某年之某月"，元统二年为1334年，至元元年为1264年，至正元年为1341年，故"至元"疑当作"至正"。

修宝塔及殿宇。

东庵权禅师　　嘉靖七年，修理各殿。楚王[1]从事。光宗发帑，碑立禅堂之东[2]。

应庵感禅师　　万历三十七年，方丈前后遇火，师力募重新。

无明奖禅师　　崇祯八年，碧山侯[3]修理寺院，碑立弥陀殿左。缘庵置田，失师之后，末年兵燹，止存正殿三重，其余殿宇、藏经、玺书等事，尽焚。

国　　朝

俞昭汾禅师　　巡抚张公、藩宪徐公，捐廉修理。

润堂证禅师　　抚宪慕公及徽匣吴公从事。

严序纪禅师　　督宪郭公、粮宪张公、驿宪张公、邑侯洪公从事。

苍石立禅师　　督宪鄂公，藩宪张公、吕公，戎府图公等从事。

妙月中禅师　　有两匣茶银四两八钱折数传寺，每年四月取。

昆贤禅师　　两广督宪赵公护持。

慧光定禅师　　武昌府章公从事。

道瞻悟禅师　　粮宪许公从事，重修各殿。师有两匣托钵米十石传寺折数，十二月取。

中频睿禅师　　各宪、两匣修理从事。抚宪、学宪、驿宪有扁，有对，有诗。

---

① 楚王：指末代楚王朱华煃。

② 光宗发帑，碑立禅堂之东：疑为倒文，应移至下条“师力募重新”之后，因为光宗寿昌在神宗万历之后。

③ 碧山侯：前后文作“璧山侯”。

敕赐洪山①宝通禅寺志卷之中

江夏袁莲峰方伯鉴定

嗣祖比丘天正相编辑原本

副寺天客执参订原本

孝感沙门佛林松泉增辑

古随比丘戒空淡然编次

上　　谕②

雍正十三年，宝通寺报国丛林，为钦奉上谕事：

本年正月二十七日，湖北武昌府江夏县牌，奉武昌府马，奉布政司李、按察司马，转奉督部堂、抚部院牌开。雍正十二年十二月十七日，准户部咨开山东清吏司案呈。雍正十二年十一月廿八日，内阁抄出。奉上谕：

直省向有各处丛林、寺院，有斋田者，皆系历代住持僧募缘所置，或系地方善姓所施，永存常住，为香火斋食之用。因历年久远，或为本寺之不肖僧徒、施主不肖子孙，私行变买，以致败缺善缘，毁损常住。闻得本地之人，亦多以此为恨。着地方留意清查。其已经卖出者，若概令还，则滋烦扰。至于典出者，应令设法募化给价回赎，归于本寺。其各丛林、寺院，即今现有之斋田，俱着查明，登计档册，永为常住之产业，不许售卖。将来有续置者，亦报明地方官，申明上司，

---

① 底本如此。卷之上、卷之下均为“洪山敕赐”。

② 底本无此标题，校者据总目补。

载入册内，该各督抚等留心访查、保护。倘有仍蹈前辙，私相授受，将卖田及买田之人，一同治罪。或有不安分之僧，因朕此旨，借端生事，一并严惩。特谕。钦此。

相应行文上谕事，理[1]施行，等因。咨院、行司、檄府、仰县，行查到山，除报册外，理应勒石永远，庶善缘不致毁缺，从林得有攸矣。

武昌大洪山崇宁万寿寺记

鄂之城东有佛刹，曰“大洪山崇宁万寿寺”。此黄鹄山也，而谓之大洪山者，盖大洪随之名山，自随而鄂，自鄂而许，地虽异而号名不殊，示有所本云尔。鄂今为武昌，山距城十里而近，北枕江汉，南带湖湘，东届寿昌，下瞰樊水，层峦叠巘，交拱互揖，西接城闉，民堵万区，前临通逵，而市深邈不相及。山之巅，有岳忠武王手植巨松，斗牛亭、仙人石、鼓崖尤为奇伟，地位峻绝，风物清闲。

寺特据其最胜处，溯其所自出，推灵济慈忍大师为初祖。大师讳善信，以唐广德二年四月六日下生于洪州南昌王氏，受度于本州开元寺比丘清照，而契心印于马祖道一禅师。北游五台，感妙德，现瑞相，发愿为众僧执爨三年，僧力却之，大师涕泪血泣，戚嗟不已。有神告之曰：“汝缘在南方，众不汝容，盍行矣乎？逢随即止，遇洪即住。”大师遂挈瓶锡南还，以宝历二年秋抵随州，睹一山岿然，问于逆旅主人曰：“此为何山？”答曰：“大洪山。”大师惕然，思神之语，则延缘而入，至于山麓。诸水所委，汇为重湖，龙神居焉。旱干水溢，有祷辄应。时久不雨，乡人张武陵具羊豕将以致祷，大师见而悲之，谓武陵曰：“雨旸不时，本由业感，害生自利，徒增汝罪。可且勿杀，吾

① “理”下疑脱“合”字。

为汝祈。约以三日，必雨。”武陵听之。大师探幽履险，得山之北岩，泊然宴坐，运诚默祷。及期，雷雨大作，雨既沾足而止。武陵求访大师于岩中，大师时犹在定，蛛丝幂面，附耳而号，挃体而告，久之方觉。武陵遂施其山，为建精舍。太和九年五月廿九日，大师密语于龙神曰：“吾前许以身代牲，辍汝血食，今舍身饷汝，可享吾肉。”即引刀断左右足，白液滂流，俨然入灭。双足留镇山门，肉色久而不变，四众哀慕，称之曰佛足。有司闻于朝，赐号“慈忍大师”，所居精舍赐名“幽济禅院”。后以祷祈屡有可验，累加大师号，曰“灵济慈忍”。其佐神十有二，封爵自王而公而侯，等差不同，皆天下知名之神，威灵烜赫，被于四方。此随之洪山也。

宋末，随数被兵，洪山又当其要害，为南北必争之地。边境之民既多流散，丛林之下亦无以安其居。京湖制置使孟公珙，随人也，与都统张公顺谋迁其众适于乐郊，乃度地于兹山。以唐东山之弥陀更洪山，请云庵兴[①]自随州捧佛足。及累朝所被告，敕徙寺额侨置焉，乃奏请赐今名，曰“崇宁万寿”，俾兴为之开山。此则鄂之洪山也。

兴之后，无诤顺[②]、则翁实[③]继之。元世祖皇帝在潜邸帅师南伐，驻跸鄂之元兴寺，遥见兹山之顶有神人立于云端，询之，为大师化迹所寓，深加敬异。暨班师，实因函佛足，扈从至京师，特命安置于秘宇而严奉之。上既正位，宸极有旨，遣使偕实护送还山。道出许州，佛足重莫能举，使者归奏，诏即其地建寺。此又许之洪山也。

鄂经推陷之余，实又去不返，吕公文德制置京湖，请无聚[④]主之，

① 云庵兴：宝通寺宋末住持云庵兴禅师。

② 无诤顺：宝通寺宋末住持无诤顺禅师。

③ 则翁实：宝通寺宋末元初住持则翁实禅师。

④ 无聚：宝通寺元代至元初年之住持无积聚禅师。

而寺以复新。继之者缘庵遇[1]，建临济塔，增庵院田土三十石，地一段。而玉崖润、无边咏、竹谿禧[2]又继之。寺以灾毁，禧方谋起其废，俄委顺而化。

至顺三年，今住持华公实[3]来，毅然以兴复自任，积衣盂之赀，躬求良材，于江上造大筏以归。顾旧址局于地势隘陋褊迫，位置不皆合于规式，乃夷崇冈，堙巨壑，累石为基，使就显敞，首创大佛宝殿。栋宇之制，悉拟于京师列刹，而华师有加焉。两庑山门之上，为万佛阁、演法楼，僧有堂，轮藏及祖师、公王有殿，天书有阁，而钟楼、经台、丈室、蒙堂、旃檀林、前资[4]寮、库庾、庖、湢之属，无不毕备。始作于元统二年某月，讫功于至正某年之某月，废[5]钱总若干万缗，出于华公者一万，出于耆旧僧宗森者二万，余皆出于众施及经用之羡财[6]。金碧髹彤，辉映林谷，宏模伟观，人天具瞻。其在先朝，尝以为中宫祝禧之所，颁以香灯金币，褒礼甚厚。

三大洪山法席之盛，莫武昌若也。华不远数千里来，征文以记之。溍窃惟毗卢身土，周遍一切，三千世界，一一须弥，无去无来，非彼非此。然则山未有寺，法界宛然；寺之既迁，依然故处。增减成坏之相，了不可得，岂世俗文笔所能记乎？若夫法身大士示现，有为于如幻境，所饶益事，应化之迹，亦有可得，而言者庸，次第本末，俾归而刻诸。华别号枯木，嗣法于灵隐悦堂訚禅师云。

---

① 缘庵遇：宝通寺元代世祖至元中后期之住持缘庵遇禅师。

② 玉崖润：宝通寺元代世祖至元末年之住持玉崖润禅师。　无边咏：宝通寺元代成宗、武宗两朝之住持无边咏禅师。　竹谿禧：宝通寺元代仁宗、英宗两朝之住持竹谿禧禅师。

③ 华公实：宝通寺元代文宗、宁宗、惠宗三朝之住持枯木华实禅师。

④ 前资：佛教寺院称曾任副寺以下东序之职而退休者。

⑤ 废：用同“费”。花费；耗损。

⑥ 羡财：多余的钱财。

元翰林侍讲学士兼之经筵国史总裁制赠中奉大夫江西等处行中书省参知政事护军江夏郡公，谥文献，金华黄溍晋卿撰文

大元至正元年桂月吉日立

书重立大洪山崇宁万寿寺记碑阴

黄鹄山建寺，盖自宋始，名曰“崇宁万寿”。至我朝洪武癸亥，楚昭祖特奏，以高僧如海号龙门者，来莅法席，重为开山，创造益侈前规。正统乙丑，钦赐藏经五千四十八卷及玺书护持。成化己巳[①]，复一奏请更寺额，锡曰“宝通”。弘治庚申，寺之钟楼势将倾圮弗支，承奉刘君过瞻咨嗟，乃启而重修，力主其事，仍命前住持宗磊募缘，裒集营构，越明年辛酉春始成。时左长史徐君暨予偕往落之，暇询寺之初建所由，人罔知者。归，考诸郡志，第曰：“洪山寺，在县东一十五里，旧传大洪禅师安禅于此。”所纪殊略。一日，忽观元学士《黄文献公集》，中得《武昌大洪山崇宁万寿寺记》，于是寺之兴建颠末之详，无不具悉，遂端录以示宗磊，佥谋刻石而立焉。石乃远致东吴，且就其良工书以刻之，涓岁之孟冬辛酉立于弥陀殿左之前，仍覆亭其上，式垂永久。窃惟寺记，盖至正间文献公为枯木师所求而作。既作而付诸师，俾刻志，今寺中碑无存者，岂其时逢元季扰攘相仍，而不遑于为欤？公之文，如繁星丽天，光不可掩，何独此记失刻于斯，久阙于百五十余年之后？其亦有待于今而复彰欤！抑灵济大师显异之迹，兹山创始专胜之由，诸名僧继续精勤之历历者，当录此记，而益暴白于人间欤！夫公，吾浙之先正，乃潜溪宋公所从，而学者精明俊朗，雄盖当世，顾予何人而敢望其端倪之万一？适因寺记之刻，得与周旋，

---

① 成化己巳：成化年间无己巳年。据前文《洪山敕赐宝通禅寺志序》为“成化二十一年”，即成化乙巳年。

诚莫大之幸也。复不揣凡芜，聊识其岁月梗概而并列其助赀相成者姓名于碑阴，实从宗皛之请。皛号东晖，积年勤勚，外此犹多云。

奉政大夫修正庶尹楚府右长史山阴王綎书

皇明弘治十四年辛酉冬十月望后一日

本寺住持宗皛等立

重修洪山崇宁万寿禅寺碑文

迪功郎纪善臣马纯撰文

迪功郎纪善臣管延枝篆额

将仕佐郎伴读臣马驯书丹

湖广，西南大藩，地方数千里，郡若干，而武昌为首，藩臬都阃，诸司在焉。洪惟圣祖高皇帝龙飞，开大一统之治，建邦树土，分封圣子。我先王昭殿下来，既爰宅于兹，暨庄及宪。逌我先王嗣厥德，四世[①]积八十年余。圣化所渐，王德所被，民生日厚，风俗日美，非他藩他郡比，猗欤[②]盛哉！

若洪山崇宁万寿禅寺者，则又武昌第一名山巨刹，我楚建福、祝禧、报本之所。其山去城东八里许，其脉自东而始，纡回盘折，若起若伏，绵亘数里。至兹则崔嵬巀嵲，秀丽挺拔，如雕琢绘画状，层峦叠嶂，清地茂林，前后左右映带，暖烟缭绕，佳气氤氲，紫翠苍碧，争妍兢[③]美，花香树馥，相闻远近，四时之景，阴霁不侔，而山之变态亦不侔。登之者心怡神醉，弃尘绝俗，忘食忘归，真天造地设胜境

① 四世：楚昭王朱桢为第一世，楚庄王朱孟烷为第二世，楚宪王朱季埱为第三世，楚康王朱季埱为第四世。昭、庄、宪、康为谥号。

② 猗欤：叹词，表示赞美。

③ 兢：疑为“竞”之误。“兢”与“竞”的繁体“競”形近。

福土，彼炉峰、虎丘、矢[①]竺不是过也。

昔迁灵济祖师于兹，道场历五代，重开山于龙门海禅师，后六代复兴，则庵铸禅师延金[②]碧空鉴禅师，又二代。我圣朝颁赐经藏且累累，得人住持，以扬斯教。山益以名，寺益以大，然其间兴废，修而复弊，弊而复修，凡几度，弗可具举。乃景泰六年乙亥春，我王诣寺，修报先德，再拜，行观之余，深以殿宇、山门、廊庑诸屋，岁久积弊弗堪，弗称圣真在天之灵，无以为礼。我皇上深仁厚德，颁赐经藏，劝人为善，无以崇奉。昔寺僧虽尝募缘修理，并见修于先王，迨今复弊，庸可坐视弗留意耶？乃命中官承奉。二范等又皆乐善大人，君子上下一心，影响形声相应，承命惟谨，必亲必躬。即日鸠工积材，旧者新之，缺者补之，损坏者葺理之，倒塌者扶持之，妆[③]严佛像，绘画屋材，彩饰壁墙。若佛殿，若经阁，若廊庑，若法堂，若山门，若禅室等处，无不为之经营，丹青焕耀，金碧辉煌。足以安奉诸佛、菩萨，足以崇奉经藏以阐皇恩，足以侈示名山真境，足以为众僧焚修禅定暨朝夕祝禧，足以为宫[④]民游观、仰瞻、为善。且我王理国之暇，一来登眺，开豁心目，与夫修报先德，何往不可哉！

既讫工，命臣纯纪其实。乃惟佛入中国尚矣，然其为教，无非欲人为善而不为恶，以超凡入圣，与儒氏所谓率性修道，希贤、希圣、希天而一意也，直在乎住教事者何如耳。或者不察乎此，欲岐而二之，谓事佛矫福，是以己私行乎其间，实坏其教，岂至论哉？我王嗣厥德，上体皇上，颁赐经藏，敛福锡民，与先王修寺，孜孜为善，欲人同归

---

① 矢：疑为“天”之误。

② 金：疑为“及”之误。延及，延伸到。则庵铸与碧空鉴间，还有两代方丈，故用“延及”一词。

③ 妆：疑为“庄”之误。

④ 宫：疑为“官”之误。

皇极之心，于佛寺一弊，即致意修葺之，为千载不朽之规，虽古东平乐善，未足拟论。中官承奉等，又皆协心竭力以为之，且继继绳绳，得碧空鉴公等，以阐扬斯教，是可尚而可纪也。

谨拜手稽首纪其实而献以诗。若夫历代开山住持僧与今日提调、修理、中官等名位，则皆刻于碑阴云。诗曰：

惟兹武昌，实首诸郡。惟王建国，乃为大镇。

风俗淳美，凡百具称。洪山在左，地灵人胜。

惟兹洪山，天造地设。俯瞰大江，崔嵬巀嵲。

惟灵济师，禅心玉洁。迁锡于兹，于焉是决。

赫赫大楚，世称其贤。今王嗣德，克光厥前。

乃睹厥寺，盖亦有年。殿宇颓毁，良用怅然。

爰命中官，爰葺爰理。材积如山，工来如子。

峨峨佛殿，济济廊庑。为屋若干，既完其美。

工已告讫，佛教益尊。用奉经藏，用阐皇恩。

会极归极，返本还源。臣纯拜命，再拜献言。

惟王受祉，受祉惟繁。惟山降神，永裕后昆。

大明天顺二年，岁次戊寅，四月八日立石

重修大洪山万寿寺碑记

盖闻依真起幻，幻灭而真长存；设像阐灵，灵昭而像斯显。无无不有，法法皆心，故摩腾白马，肇沦遥源。祇树鹿苑，闳开净土。若非振锡上方，曷曜慈灯于火宅？傥或斉金列刹，畴明慧日于云林？是以波罗越穿五大石，而雉草齐武，城以三台，宫居苾刍，斯起慕膻喜舍之津，抵掌皈依之府哉！统之，凭五衍之轼，指导迷途；辟八正之门，援超彼岸者也。

来去莫窥，废兴有待。维兹大洪山万寿禅寺者，肇迹慈忍大师：或祷雨龙潭，而乡人揑体；或现身云表，而御跸惊魂。历许随而异地同神，越唐宋而千秋益振，其来尚矣，厥概胜焉！背峦飞鹫，相轮高朗于碧空；面水旋圭，尘劫顿消于色界。况夫映带衡湘，骇尼珠之独照；连绵庐岳，欣宝铎之齐鸣。诚罗卫之名区，桑门[1]之福地也。肆我昭祖开封，函经初赐，诸王积果，绀殿[2]屡新，载在椽管，勒之贞珉者，莫可缕指矣。

爰及于今，渐将就圮，乃有嵫阳郭公卿，秉握夙因，精研内典。用其渚余，以矢心王室；摅厥葵悃，而炳绩楚邦。架石墩湖，不翅编桥之渡；辟涂草店，宁夸援撼之风。功德暨山河大地，芳馨溢宫省贤声。复伤此寺胥颓，深幸前功可继。捐资鸠工，庇[3]材计众，然犹惧一木之无支，念万缘之有结。上书国主，请分内帑之金；劝化宗王，益布十方之善。民用子来，功如神助。飞栋流丹，水月澄空龙听法；香楹绚彩，昙花绕殿鸟闻钟。慈灯夜朗，色色银城；玄钥晨开，登登莲座。陋彼松林，兰若永称梵刹；蜂台[4]高题，萧宇巩兹国祚。皇图彻悟幡风，绍此三宗五觉。世弥积而灵宣，名逾卲而真著。敢效言于雕篆，仍赘偈于刍荛。偈曰：

我闻一切法，非有亦非无。

弥峰眇芥子，灵椿短蟪蛄。

释迦居紫霄，青龙骑文殊。

所以智慧人，冥心栖玄区。

---

① 桑门：僧侣。“沙门”的异译。

② 绀殿：指佛寺。

③ 庇：同“庀”。

④ 蜂台：借指佛塔。远望佛塔，状如蜂房，故称。

倬哉嵫阳公，大乘超鬼卢。

布斯无量福，千秋镇皇图。

万历辛卯季夏之吉

赐进士出身奉敕备兵越粤前兵科给事中侍经筵晴川李宗鲁撰

重修洪山万寿禅寺弥陀殿碑文

赐进士及第光禄大夫太子太保礼部尚书文渊阁大学士贺逢圣撰文

赐进士第奉政大夫河南汝宁府知府刘民悦篆额

赐进士第户部山西司员外郎汪桂书丹

尝闻之佛语，有曰出世因缘一大事云。吾谓此二者，佛与人共为佛也，佛为人种，人亦为佛种，因佛与人作缘，人亦与佛作缘。人不得佛，不能成佛，亦犹佛不得人，不能自成佛也。尝试纵而论之：如来以给孤独长者作缘，《四十二章经》以汉明帝作缘，惠远以陶潜作缘，支道林以简文[①]作缘，大巅以韩愈作缘，佛印以苏轼作缘，无如许由、巢父之于尧，卞随、务光之于汤，武皓[②]、鲁两生[③]之于汉高，庄子陵之于光武，陈抟之于宋艺祖，铁冠道人张三峰[④]之于我明二祖。皆儒不遇圣，不独成儒；仙不遇圣，不独成仙；佛不遇圣，不独成佛，一也。儒者曰“天命、日、时”，仙曰“前、后、身”，佛曰“劫”、曰“因、果”，亦一也。

① 简文：疑为“哀帝”之误。晋简文帝在位只有两个年头（371—372），支道林已圆寂。佛史载晋哀帝与支道林作缘。

② 武皓：“武”疑为“四”之误。因秦末汉初，史传“四皓”，未见“武皓”，“四皓”正好与“鲁两生”并举。四皓，指秦末隐居商山的东园公、角里先生、绮里季、夏黄公，避战乱而隐，年皆八十有余，须眉皓白，世称商山四皓。

③ 鲁两生：指的是山东两位拒为汉臣的儒生。典出于《史记·叔孙通传》。

④ 张三峰：此处指明代的张三丰。

楚梵刹以洪山为第一，肇于宋元，盛于国初，而弊于万历之中。岁庚子，余读书其中，目击之，迄今几四十年，莫有庄严佛像、玉带山门者。我璧山贤侯老亲翁，于前万历癸卯岁，同太翁时轩翁游此，侯阴发二愿：一为太翁祝禧，一为己身祈嗣，如愿，则一举而新之。乃祝禧，而太翁果登八十；祈嗣，而侯乃生丈夫子五人，今尚未艾也。是为侯非得佛为缘不可也，然佛之种福于人亦广矣。毕世而未有一人能报佛恩者，今侯举三十年前愿而酬之一旦，谓佛非得侯作缘之。是举也，今日削一椽，明日煅一瓦，今年制数桷，明年烧数砖，锱量铢度，尺计十①筹，积三十年，而一旦钉之，不差累黍，其用心亦密矣。

微独此也，所发心者弥陀殿，因而及阿罗汉，及廊庑，及诸神像、龛幢、铁炉之属种种。殿至于今，历年数百，上颓于瓦漏，下壅于沟塞，梁栋尽松，几不可楮。自侯一拜祭，屋壁皆有声，侍僧愕然，殆折而节节皆糜烂，不可旦夕支，则侯之心，殊有天启佛牖乎！

殿凡七楹，材尽易以杉，费且不赀，往上希瓦，今尽筒瓦。中间佛像三，诸天尊神凡二十四。殿后有海水及幽冥教主阎罗诸神相，周围堂户、窗棂、走廊，殿内石座、围栏，俱各修葺庄严。殿之南为伽蓝殿，颓堵等于弥陀，盖造如新。构殿之下，千手千眼大士殿，外廊九楹，俱属一新，置铁铸大化钱炉四、香炉三十、钟十余、云板三。其弥陀殿置绣幡二挂，绣千佛幡二挂，以其精微以为僧人念佛发大欢喜。置长明灯三殿，外东西二殿，故有五百阿罗汉，日侵月化，为各方丈那，为檀那请，为各庵堂寺借，几空矣。一一为之，廉其居住，纪其日月，得其姓氏，指户而迎之，无一失焉。

侯思初发愿为祝圣、祈嗣，特于殿左置寿罗汉殿，额曰“德寿

① 十：疑为“寸”之误。

殿”；于右置送子罗汉殿，额曰“祚胤殿”。择浴佛日，请诸佛祝寿。前一夜，命从者仓卒置五百阿罗汉于位，得手即置之，初无从，亘而日之也。旦视之，则凡属长眉大仙类者，则皆左也；凡属送子者，则皆右也。则又奇矣，又独微此也。侯搜五百阿罗汉，已，第缺其二。一夜梦二僧，一坐床，一坐门。坐床者口啖生肉一片。坐门者举手向侯曰：“不为礼矣！”侯起占之，莫非此二僧也，即缺二者乎！因省其二像补之，即称之曰“生牲罗汉”“不为礼罗汉”。以余揣之，生牲也，生子生孙，锡胤之报也；不为礼者，老者不以筋骨为礼，寿征也，祝寿之报也。则更奇矣！是夜，钟鼓之声达旦不绝。是日，男女合堂念佛，珠连鱼贯，自山门及天王殿，而正殿，而菩萨殿，而弥陀殿，周围旋绕，凡万余人，历六年不断。声震林木，香烟如雾。观者以数万计，儒冠羽流亦与焉。四方游食僧道、俗人贫子，授飧饮食，费米数十石，蔬千腐万，捧茗传汤如云。

吁！何盛焉？匪翳佛灵，则侯之孝慈，真诚恳恻，入梦寐，积岁年，固有以感天地，通鬼神，况戴发含齿者乎？侯孝矣！祝太翁，襄太翁，子子矣；生诸侯，成诸侯，父父矣。大孝大慈大悲矣，即心是佛，不在西方矣。由是而因侯起孝，因侯起慈，以一孝慈因，作众生孝慈因；由是而缘侯作孝，缘侯作慈，以一孝慈缘，作众生孝慈缘。因因相续，缘缘相禅，侯之寿，侯之子，又宁有涯际也。

余如是而大有感于吾儒之弟子大负吾儒祖也。夫佛生于周显王时，前此无有也，又生于西域，中国无有也。三皇五帝、夏商周盛时，家可化，户可封，岂曾念阿弥陀佛哉？乃吾儒自盘古以迄于周，圣帝明王，即极天覆地，载日照月，临霜降露，坠之地，莫不尊亲，何周纲解组之后，帝王师而所不能得之血气之伦，而西方丈六金身，反掌而有之，何也？学佛之弟子真，而儒之弟子伪也。夫无慎独之功而谈位育，无格致诚正之脉而语治平，无爱亲敬长之念而谈仁义，无磨杵穿砚、移山镇海之志而语成功，二十年不退转之毅而谈结局[①]，妇女童子或笑之，况斯民乎！

吾楚固无论其精者，周程祠改就卑隘，四贤祠鞠为民舍，岂周程王诸先王之鬼不灵也？无璧侯若而人为之弟子耳！故儒门冷淡，安问金砖，安问庄严哉？是尧、舜、禹、汤、孔、孟、颜、曾与世两无因缘也。闻璧侯之风，吾儒当扪心蒙面而退矣！因纪侯盛事而并及之。

侯，楚昭王九世孙，赐名蕴瑠，号璧山，生子五人：盛浞侗初，弱冠以是年领岁荐；盛涉邻初、盛潜寅初，甫髫年入黉序；盛淮端初、盛□[②]嘉初，稚年咸具成人之概。

殿以崇祯十年乙亥[③]二月十八日兴工，于戊寅年秋月落成焉。纪其事者，里人贺逢圣也。

乐助洪山寺禅院香火田碑文

今上之十有二年，岁癸丑，余奉简命，来抚楚北。其时民蕃物阜，闾井熙恬。政务之暇，间睹名山旧刹，而宝像庄严，而栋宇崩颓、风雨不蔽者，往往有之。至若洪山一寺，在属古圣僧显化道场，亦复倾圮零落，不堪寓目。余窃有志修葺，适缘滇黔告变，外迫军旅，内劳供亿，牵耗岁时，未遑及此。

奄至十七年戊午，余因捐资募助，始事鸠工。越十八年己未春夏

① 据上下文，句首疑脱“无”字。

② 底本为一空格。

③ 崇祯十年乙亥：崇祯十年为丁丑年，即公元1637年；乙亥在崇祯八年，即公元1635年。此次重修，工程巨大，非短时可以毕工，而落成之年戊寅年为崇祯十一年，故以“乙亥”为是，“崇祯十年”疑为“崇祯八年”之误。

之交，一切殿庑门屏，焕然落成。且值滇寇远遁，楚疆宁谥[1]，四境之内，复见太平，余窃心喜焉。

有寺而无僧，有僧而无食，皆非永久之道也。值此胜地道场，无一禅院以礼善知识，为后学津梁，亦属缺陷。故另创禅堂，以居戒僧，为十方学者参证之所。余复捐置香火膳田，除各堂僧众另有膳田外，此禅院香火田，共计叁区。一在杨福桥，田种一十二石六斗九升，已行该县另立僧户，给之以示，永免佃人杂徭，止完正赋，收其籽粒，以为诸戒僧焚修斋供之资。庶几寺得借僧而不致于倾颓，僧得借食而不至于转徙。后之主此者，凛守恒业，将使禅学日崇，招提日盛，岂独雁堂、鹿苑之独臻其胜哉？

余记其事，贞之于石，以垂永久云。

康熙十八年，岁次己未，仲夏月穀旦

巡抚湖广等处地方兼提督军务兵部尚书兼都察院右副都御史正一品张[2]立

重修洪山报国寺碑记

江夏之大洪山，旧名黄鹄。黄鹄者，不知昉于何代。堪舆所志楚鄂之山，由岷而来，至赣分垄，越岭降势，层峦叠嶂，数千余里，始入江夏，从东南锦绣山六十里许，断而突起，起而突断，有飞舞之形，类若鹄立，且视其土色如金，故号之曰黄鹄山。如洪山者，黄鹄之一峰也，崛起东来，界江不过十里，与鄂城之黄鹄相接，峰峦参峙，雌雄互应，占者谓灵气所钟建。

唐灵济慈忍大师，发迹于随之大洪山，祷雨救旱，刖两足以享水

① 谥：疑为“谧”之误。
② 张：张朝珍。略传见前注及卷之上“护法”编。

神，白液滂流，时人指为佛足，藏于随地。宋末随为南北相争之土，京湖置使[①]孟公珙、都统张公顺延云庵兴迎佛足，卜迁江夏，造浮屠，创殿阁，请旨敕寺额曰“崇宁万寿”。兹山遂有大洪之号。厥后，佛足为元世祖北徙于许，许亦有大洪山之名。然佛足虽移，而江夏之大洪山历来不替。至明，楚昭王奏请如海禅师移锡于兹，大振丛林。成化间，再赐名“宝通”，其崇盛未有渝者。

惟是鄂郡，上接黔、粤、西蜀，下通三吴、豫章，北连周秦。由三国至于今日，争战往来，废兴不一。其间居人，诗书乏传业，土地少世耕，聚族多不满百，房屋亦无久守。其繁华夥盛，多借五方凑合，所以洪山于鄂城接壤，其兴而废、废而兴者，凡数更矣。然终不能泯没者，因灵济得名，而名可久；名可久，而修葺创造，固代有人也。虽然，前代之事余不及见，仅得于元碑明碣中，读之稍悉其略。而今之洪山，又非昔日之可论也。何则？明崇祯癸未，流寇荼毒四方，被祸颇众，惟武黄[②]尤甚，城郭宫室，尽为焦土，洪山亦罹灾焉，存者浮屠与大雄殿耳！

我朝鼎革四十年，巍官大吏、富贾巨商亦多游览，曾未念及此而萌重建之心者。康熙十五年丙辰，大司马张公玉如抚军湖北，正寇氛猖狂，军兴旁午之际，公一日乘数骑诣东郊，陟洪有觇视险要，以为御防之计。因睹殿阁朽废，墙垣倾颓，是昔者之金翚玉栟，今则青蒿绿芥矣；昔者之铜驼雕龙，今则败瓦残砾矣；昔者之钟鱼梵呗，今则蛙鼓蛩声矣；昔者之璃光珠彩，今则荧火鬼磷矣！公徘徊久之，更见牧马腥膻，荒烟惨淡，不禁山川兴废之感，于是与藩伯徐公子星商修建焉。公竭力捐俸，董众乐输，命匠筹画，重修诸殿、房、寮、堂、

① 京湖置使：据本书，“湖”下“置”上疑脱“制”字。

② 武黄：指武昌府、黄州府。

库、山门，金碧辉煌，丹青绚彩。外则筑墙围护，栽松植柏；中则自天王殿抵山，设粉垣，置禅堂，以振宗风。垣外两旁建精舍，以励清修。备价置邑田五十石，柴洲麦地，一为禅堂接众之资，一为精舍静持之费。于本寺西山重修二祖之塔，其一为明龙门如海，其一为宝昙应公。又虑公卿、士夫、韵人、游侣登临宴赏，动扰僧衲，浮屠下创台榭、亭馆，厨灶、椅棹、簠簋之类，无不毕备，以需供用。十九年庚申春，工始落成。至是，四方咸以太平。上闻，公将入朝待封，论功荫爵，孰思以洪山告成功之数日，微疾薨矣。

嗟呼！洪山乃公之苦心矣，岂天之待公久？四十年无人问者，一旦得公乘大愿力，焕然复兴，公即以是证妙果乎？然安知公非灵济再来，与洪山传不朽者？为宗门一大开辟，并知公之所以不朽，不在修建洪山，而在功成之后告薨也。公之德业功名，自有铜符宝鼎昭著千古，又不必与洪山并日而纪，爰是而为之记。

皇清康熙二十五年，岁次丙寅，大庆七月穀旦

原荆南参知军事迪功郎邑民杨璿薰沐拜撰

重修洪山宝通禅寺碑记

钦赐花翎玛尚阿巴图鲁兵部侍郎兼都察院右副都御史

巡抚湖北武昌等处地方提督军务粮饷军功加十级高杞敬撰

寺在湖北省城江夏县东十里，洪山旧曰东山。唐宝历中，有随州大洪山释慈忍，祷雨自断其足，宋制置使孟珙迁其众，奉所留足于鄂州东山，曰“崇宁万寿禅寺”，后遂称洪山寺。宋元以来，代有兴废，明成化年间赐额。国朝康熙雍正间复修，是为宝通寺。

乾隆五十七年，总制秋帆毕公，按部至是山，殿宇摧毁，缁流散

失，慨然修之。时龙华寺僧觉音者，有戒行，以为此寺方丈，并禁他宗无得攘夺。后三年，毕公南征，卒于军，觉音亦相继示寂，二三宵小阇黎[1]，颠倒宗派，侵鬻香火，浸至败坏。频年军旅多，故地方官吏无暇以问，而兹寺又渐废矣。

上年秋，楚北平。余自军中奉命还驻鄂城，复至是山，既追悼毕公之亡，而觉音之不可复得，乃驱逐恶僧，求觉音之法徒主席此寺，复其田产如旧，成毕公志也。吾闻文中子云：佛为西方圣人。傅毅亦称金神所居，龙象詟伏，谓之大雄。其法以慈悲为宗，觉悟为本，因缘为用，而归于劝人以善。与儒家言先知先觉，博施济众，成人之美，殊途同归。故三代以下，矜寡孤独废疾有养，牖颛蒙不为匪僻，而善人君子遇疑难、解厄苦，若有阴相之者，感应之说为多，故释教与儒教并行于世。而余之有事军旅，频年履险难，得脱，皆获康吉，毋亦佛力之赐，则兹寺之举，又曷可缓哉？

寺之始修也，余方为武昌郡守。不三年，余奉天子命抚此土，而兹寺今昔盛衰不同，而前此修寺之人，已不可复见，亦可慨矣！于是一时同事诸公曰："是不可以无记。"遂为立规条勒诸石，庶使后之人有可考也。

毕公修事，始于乾隆五十七年四月朔，讫于五十九年五月望日。大殿高四丈三尺，广迳九丈一尺，佛像三，中为铁佛，高各一丈六尺。余重修佛像，缮葺围墙，本赭，近离火，年前境多故，用星家言，乃涂以黄，取土正色以镇之。经始嘉庆四年八月初六日，落成于五年正月望日。既成，余执香告虔，香花、璎珞、宝幢，庄严咸具。寺田五百亩。

---

① 阇黎：亦作"阇梨"，梵语"阿阇梨"的省称。意谓高僧。亦泛指僧。

是为记。

觉音之法徒名海澿，例得书。

监修：

钦命候补道荆州府知府前武昌府军功加三级纪录三次张方理

赐戴花翎武昌府知府军功加三级张璿

署宜昌府前江夏县军功加三级陈元京

候补江夏县知县加三级王澍

赐戴花翎施南府同知军功加三级周季堂

候补知州鹤峰州州判军功加一级沈思诜

候补知州通判军功加一级徐鍱庆

嘉庆五年，岁在庚申，二月望日立石

大慈殿碑记[1]

命[2]爰始追念前因，用酬夙愿，以是年之春始事，阅四月而工竣。宝冠华曼，像设庄严，金碧焕然，有加于旧，乃具陈缘起，以请于余曰："愿有记也。"

余惟大士，从闻思修，入三摩地；动静二相，了然不生；能所圆融，有无交畅。所谓上合诸佛本妙觉心，同一慈力，下与十方众生同一悲仰。自是而成三十二应，入国土身；自是而令众生，获十四种无畏功德；自是而善获四不思议，无作妙德。盖道成而世尊为之印证焉！而愿力深重，爰生人中复安，弥陀、释迦二世尊之，下而助之。

阐法行化于支那、震旦中，湘汉之区，盖莫非其应现也。廉访陈臬，楚中而罄，我愿力俯顺兆情，上体天子好生之心，内承先人保世

① 底本无此标题，校者据总目补。

② 命："命"与下文不连，或前有缺漏。

之训，于以求我大士妙明之体，圆通方广之用，其志其事，盖有默际而仰契之者。是役也，岂区区求福田利益而已哉？余故乐为记之。维时，董其役者，海宁陈君用梁、住持僧海滦也。例得并记。

嘉庆十六年，岁次辛未，清和月中浣

三韩马慧裕记

重[①]修大洪山宝通寺碑记

大洪山，宋以前名黄鹄山。在会城东十里许，高耸而秀，及伏而又起，是为中峰，再伏再起，则会城依之。东至宾阳[②]，西至汉阳[③]，以达于江，所称黄鹄矶是也。

大洪山在随州，有崇宁万寿禅寺，宋末随州被兵，大洪僧俗流冗，荆湖制置使孟珙居其众于兹山，而山与寺额悉徙称焉。习久而忘其故，遂以大洪、黄鹄判为二山，而不知兹山为黄鹄之首山，而会城之元脉也。崇宁万寿禅寺，元元统初重修，黄文献公记之。明成化中重建，更其额曰“宝通”，楚府长史王綖记之。寺当山脊，溜水直冲，沟洫少淤，殿宇辄形摧圮。我朝康熙十五年，张抚军玉如创修于前，乾隆五十七年，毕制府弇山兴复于后。金碧洪丽，为武昌诸刹第一。而水患未除，曾未十年，倾毁如故。大吏总制百公[④]、中丞常公[⑤]，均有志重修，而先后移节以去。

余历官楚中，叠荷圣恩，由丞尹而郡守，洊膺廉访之命，后先凡三十年。窃念会城中所宜修复者，若武昌府儒学、江汉书院，皆一一

---

① “重”上原衍“记文”二字，今据文意删。

② 宾阳：宾阳门，在武昌古城之东。

③ 汉阳：汉阳门，在武昌古城西北。

④ 总制百公：湖广总督百龄。

⑤ 中丞常公：湖北巡抚常明。

默识于心，将以次兴举。而兹山为会城脉络所经，由原及委，爰以是为首。庸于沟除之未通者，浚之以固其址；僧田之失业者，复之以赡其资。始合众力，修大慈殿七楹。马制府朗山先生为之记。既又勉捐清俸之余，而诸君子之好义者，咸来佽之。由是接引、弥勒、罗汉三殿，藏经之阁，钟鼓之楼，月台、石栏、山门、照壁，既完既固，焕然复还旧观。盖阅一年而工始竣焉。而或者不察，乃以余为崇信浮屠，求福田利益，其亦不谅余心矣。夫利益在一人，则私；利益在地方，则公。

寺故有灵济宝塔，创于元大德、延祐间，中奉奎宿及梓潼铁像，奎宿久而失去，十数年前，余为补铸一尊，而梓潼像则增饰焉。善信许君因然长明灯于其上，其时精星术者以为文光照耀，彻于翼轸之分，大湖南北将有鼎元崛起之祥，已而其言果验。

然则余之为是役也，岂区区一手一足之烈而已！而况其本志之所存，固有不止于是者乎。可与乐成，难与虑始，自古而慨之。

是用述其本怀，勒之乐石，以谂夫明于地形，而知所先后者。

嘉庆十七年清和月

湖北按察使吴门周季堂记

洪山寺记

程正揆

山之有水，犹美人之有妆也。山不水不色，水不大不姿。洪之不以水姿也，其虢国之淡扫蛾眉者邪？吾楚以水为乡，洞庭湘泽，几病水淫，江汉游人，逐流既厌，反不屑委贽作波之臣。则晴川、黄鹤俱水德王，而洪之独以抔土称霸，势使然也。

山顶有塔，高百许尺，放目可极，可接百里外烟雾，视武汉诸形胜，恰似郭令公受子孙罗拜不暇，细辨名目，颔之而已。故洪之自出手眼，不借冯彝[1]辈为唇齿也。无怪予别洪十余年。

丁丑之秋，谢子应侯招以灵运屐，续鹓鹭盟，日继以夜，听山僧课毕，应侯假寐，予独为塔上游。曙色未开，山光欲秘，江河天地，尽归苍莽。异哉！登塔者以见为奇，予乃以不见为奇，此不可见者，造化之内帑也。何物？程子攫之昏夜，不顾山灵之忌，而山灵亦不以不见程子面目为憾。嘻！宾主之道，不以相谋，实不相厄也。如此！

为申严条约以肃清规而杜觊觎事碑[2]

洪山宝通寺，接众丛林。本属一庙，因殿阁甚多，分僧看守，致混立名，紊乱清规。禀经驱逐后，余僧亦陆续死亡，各庙均已废圮。今兵燹后，奉宪命，余劝修塔殿，寺宇一新。嗣后住持相传，各僧统归本寺，即岳王庙看守，亦不分食，永远遵戒，并录前示。莲峰手记。

兵部侍郎兼都察院右副都御史巡抚湖北武昌等处地方提督军务高[3]，为申严条约以肃清规而杜觊觎事，照得：洪山宝通寺自唐及今，千有余年，志乘备详，号称古刹。缘有寺僧宗全、明彝等串卖寺产，遂致颓败不堪。经前督院毕捐廉首创，集众兴修，不特添置寺田，用供香火，且选访僧觉音住持方丈。维时本部院任守武昌，一切俱经清理，讵毕督院去任，觉音亦示圆寂。曾未十年，该僧怙恶不悛，仍复妄生觊觎，将前督院建立胜莲居、方丈占作酒肉场，并欲朋分官产，乘便自肥。本部院现驻省垣，该僧等胆敢毫无顾忌，紊乱前规，冥顽已极，札饬该管府、县，尽法惩治外，合再严列规条出示，勒石永禁。为此，

① 冯彝：冯夷。古代神话中的水神名。此指水。“不借冯彝辈为唇齿”，意同上文“洪之不以水姿也”。

② 此标题底本所无，校者据文意校补。

③ 高：嘉庆初湖北巡抚高杞。

示仰该寺方丈海滐，及胜莲居、百子亭、无量阁、药师阁各僧等，嗣后务须恪守清□[①]，谨遵条约。如敢仍蹈故辙，该方丈立即指禀地方□[②]以凭究办，立时驱逐。庶千年香火常存，前督院功德亦永垂不朽矣。毋违！特示：

一　洪山宝通寺代有兴废，虽屡遭兵火，而节次建修，不乏其人。此番之荒废，皆由现在山上之百子亭、药师阁、无量阁、胜莲居四房僧众，盗卖田产，不守清规所致。其中无量阁住持宗全、胜莲居住持明彝二僧，不法为尤甚。此次责逐后，如该二房接办住持僧再敢干预方丈事务，定即严惩还俗。

一　前督院毕访延觉音方丈经理一切，此次又经本部院择定海滐接管。此后，总以一支相传，务在方丈得人，不可相沿俗例，以三年更换为辞，致启觊觎之端，各房僧亦不得自立长老名色。如违惩究。

一　方丈房宇本系胜莲居隙地，盗卖于李德隆银匠，修为公所，除惩创外，此房前后两层俱充公所，改为方丈，上悬前督院毕匾额，与胜莲居僧明彝无涉，嗣后敢再借端欺占，定予责逐不贷。

一　四房僧众，品类不齐。此后凡受戒之僧，恪守清规者，准留于寺；其余未经受戒以及荤酒、食肉、赌博、凶横滋事不法者，该方丈立即指名禀逐。如方丈徇隐，查出并究。

一　山门内四房僧，各有地亩，或产柴草，或种菜蔬，现已委员立界清楚，自后各管各业，毋得彼此借端争占。其余隙地，均归方丈。如有不遵，定当究惩。

一　洪山旧存田亩若干，此次又蒙前督宪毕置买新田亩若干，以为香火之需。该方丈永远遵守按稞收租。如该佃户有意拖欠，借词不

① 底本为一空格。

② 底本为一空格。

完者，禀请地方官，着追更换。

一　寺内殿宇墙垣，山上树木，该方丈应随时修补照料，毋任残缺倒塌。倘有居民牧放牛马，恣意砍伐，以及房僧暗行作践者，俱即指名禀究，着令赔修。

一　十方往来安单僧众，必须查明来历，方可收留，毋得徇情容隐，致干并究。

一　寺内隙地尚多，该方丈择其勤能之僧，随时开垦，不得怠惰偷安，任其荒芜。

一　寺内田产，现经本部院示禁盗卖，永资保护。复恐将来代远年湮，又萌串盗情事，不可不预为筹及。现在本寺田产，俱改洪山寺户下完粮，使后人一阅而知为寺产。倘有盗卖，一经发觉呈控，即将盗契涂销，按律严究，永杜觊觎。

一　洪山之阴近有凿山取石者，此后永行禁止，不许在山取石，致伤山脉，并饬地方官时往稽查，获则报究。

嘉庆五年二月初五日示

洪山敕赐宝通禅寺志卷之下

江夏袁莲峰方伯鉴定

嗣祖比丘天正相编辑原本

副寺天客执参订原本

孝感沙门佛林松泉增辑

古随比丘戒空淡然编次

新旧赋、跋、诗、歌、匾联

赋[①]

东山赋 宋庆元重午 河阳赵淳

山固多嘉木，由剪伐无时，使不得藩息。以军营视此，实为主山，乃禁樵采，封植养护，则大者挺然干霄，小者丛生攒立矣。因即山之阳得胜处，偶拾余材，架屋为阁，榜曰“东岩”。取其秀而木茂者，又得数所：白云根，云扃，仗仙飞云，栖霞冲霄，清啸爽垲。若巉岩翠屏、堆云、狮子峰，此又壮其石而名之也。弈局琴几，石鼓笔床，因其天成，粗加斫削。循此之巅，至黄鹄亭，得夹道，莳松。俾与时盛树结荫，与东岩相为表里，后之来山岭，不以人废阁哉。

① 此标题底本所无，今据文体校补。

扁　　对①

佛殿扁对　康熙壬辰孟夏　湖广总督部院鄂海敬书

道尊德重

宝地弘开，背苍崖，临广泽，见涛白岩青，幻出高深流峙相；

法幢高启，连亘郭，带层城，听晨钟暮鼓，唤回名利市衢人。

关西杨素蕴题

千百年霸国雄图，今归何处？惟余竹影松声，长留殿角；

大小乘如来妙谛，唤醒多人！谁道花香鸟语，不是禅机？

舜水陈德士题

弥陀殿扁对　雍正乙丑桂月穀旦　会稽章培基题

金碧庄严

皡皡熙熙，看大地旋转法轮，迥不是当年残山剩水；

巍巍荡荡，凭慧力赞襄王化，何莫非此间花雨祥云。

方丈扁对　康熙己未仲冬　三韩张朝珍题

法流慧日

白日传灯，千丈香云天上见；

青山说法，一江花雨月中来。

癸未孟夏三韩张圣佐赠严和尚扁

心会真如

官客堂扁对　康熙己未仲冬　三韩张朝珍题

为善最乐

层台直接青天，百尺竿头须进步；

---

① 扁对以下各条，与标题“新旧赋、跋、诗、歌、匾联”次序不合，底本原文如此，照录。

兰若高临大壑，万峰顶上好清修。

塔涌香花地；

山围日月天。

燕山图纳书

官厅扁对 康熙己未仲冬 三韩张朝珍题

楚岫飞霞

长廊古殿，高开万里青天，端座金轮顶上；

层台翠巘，现出一江明月，如行白玉镜中。

关西杨素蕴题

千江一月

奉职治平时，政暇寻僧，高刹挥麈淹留，共假浮生半日；

移麾山水乡，公余携客，层台蹑屐登临，且拚快意当年。

关西杨素蕴题

塔亭扁对

湖山旷览

癸未夏日 西河王祚兴题

肩拍衡岳

武冈王题

塔前扁 粮宪李为霖题

一览众山小

上摩苍穹

南越周岐题

水乐山寿

康熙癸未孟夏 琅琊李华之题

云衬高峰

癸未梅月　琅琊蒋璟题

悠然遐想

癸未初夏　张圣佐题

一钩明月常今古，

万壑闲云自往来。

白云阁扁对

云静天空

康熙己未仲夏　三韩张朝珍题

俯视一切

康熙辛丑初夏　蓉湖许大定题

风生碧涧鱼龙跃，

月照青山松柏香。

天王殿扁　天启丙寅孟秋　古越张元芳题

三楚大梵宫第一佛地

祖师殿扁　康熙庚午仲夏　江夏郡公马思贤题

仰止维殷

公王殿扁　雍正丁未春王住持宗田等立

万缘资始

塔殿扁　癸未孟夏吉旦　督粮使者三韩张圣佐题

法云真际

武昌府朱公昌绪赠住持宗轮扁

东山道席

云南藩司李公本晟赠住持宗暹扁

宝山一柱

江西臬司柳公国勋赠方丈天正对

入定禅心早丽日，

苦修功行欲弥天。

督左都督沈公其权赠方丈天正对

个中珠玉寻真印，

望外烟霞借远公。

抚左都督姚公赠住持宗利扁

再见锡飞

抚宪张公朝珍赠住持宗文扁[①]

分翠轩

坐入云中千树绿，

分来江上数峰青。

翰林院庶吉士知博罗县王公开泰赠住持宗江扁

色空贾岛

无初堂

释无念悟偈

数载空山昏雾蒙，凭栏终日待晴空。夜来忽睹霜天月，万象全彰一镜中。

楚昭王迎至本山，未久，迁九峰寺。

灵迹 附奇异

钵盂山　杏花村　东山赋　双龙池　岳王松　白云台　琴床　石鼓　堆云　云洞　双井　员一　方一[②]

---

① “扁”下疑脱“联”或“对”字。

② 底本“员一”“方一”与前面部分并列，但二者应非灵迹，疑为前文“双井”的说明文字。

岳王松　在本山之巘，为武穆王手植，明季斧于贼，今复茂。

圣僧桥　无念曾打坐，凡雪雨，桥上无湿，至今亦然。

宝通塔　遇中秋灯光最胜。崇祯八年，塔放霞光，红于火树。是年，贺逢圣拜相。大德十一年，陈觉富朝南海，登山顶，获佛牙舍利，送入宝塔顶上，永镇山头。

石佛　似玉，巡抚张公土中拙[①]得，入宝塔顶上。

外事

天启三年，楚府宗室侵占面[②]山，住持无明奖力复还寺。

康熙三十三年，卫丁侵占东阳岭寺田，住持济生利力复还寺，本府武公判案。

雍正六年，劣矜[③]盗卖寺山，土棍盗买强葬，住持退庵密力起还寺，本府张公判案。

跋[④]

寿字云跋

有士大夫，政和甲午游山颠，见其石壁上云结寿字，体法不凡，人莫能韵。余乃以千钱募工人得纸本，遂书以寿，刻石以传世。新家赵史君钱嘉钱模于郡斋[⑤]，法俱得之，不敢藏于家，刊诸东岩石上，专与好事者共之。

庆元乙卯秋日

---

① 拙：疑为“掘”之误。

② 面：疑为“西”之误。

③ 矜：疑为“衿”之误。

④ 此标题底本所无，今据文体校补。

⑤ 此句多处疑误。参见清杨守敬《湖北金石志》：“新定赵史君茂嘉复模于郡斋。”

参军河阳赵淳谨识

同治十三年，督宪命修建岳忠武王庙，竖立神像碑供奉。左首汉光禄勋、楚国先贤、孟孝子恭武公祠，右首明兵部尚书经略辽东军务熊襄愍公祠。

匾　　联[①]

督宪合肥李瀚章题联匾

忠孝昭天

浩气满中原，当年绣帜拗军，壁垒分屯诸统制；

故封仍岳鄂，可惜金牌趣召，江山忽换小朝廷。

前堂楹联　沙羡袁太华敬题

俎豆蒸尝，千秋盛典；

忠臣孝子，万古传人。

光绪二年　总统忠义军黄冈刘维桢捐修

祖师殿题书楹联

轮回几万世，历炼四十年，金粟光中，才得化身成正觉；

封敕九重天，赫濯三千界，宝通寺里，不遗余力度诸生。

观音堂　光绪二年江夏彭汝琮题联

座上慈云，占断西湖三月景；

瓶中杨柳，分来南海一枝春。

同治甲戌袁太华承修宝塔题前亭匾联

七级浮图欣再造，

① 此标题底本所无，今据文体校补。

千年古迹愿常留。

山水焕然

又黄冈刘维桢题匾联

勿须极顶留余步，

却好回身看后头。

天地大观

又游客题联

山色满亭花满地，

云根为壁寺为林。

新建大花厅　袁太华匾联

得过且过之斋[①]

鸟语清辰宣佛号，

花飞静院悟禅机。

题赠方丈达澄大和尚联

方圆流通，方是十方佛子；

丈尺度量，丈成万丈庐山。

诗

游洪山　袁中道

醒却秾华梦，来为冷石游。纡回缘绿嶂，枕藉见红楼。云影江天静，林烟沙渚浮。倚栏神顿爽，信矣癖山丘。

洪山寺　冯云路

杖藜登绝巘，曲径绕孤亭。欲向传心偈，重来问译经。江云连水

① 斋：同“斋”。

白，野竹上山青。寂寂禅房久，山中夜不扃。

宝塔灯辉　胡介祉

洪山古道场，化塔标巘嵲。创始自何年，岩壑振高洁。丹梯凌虚无，紫云互明灭。升巅类转蓬，搴空似盘穴。炉气霏烟霞，铃音响环玦。渐见灯辉流，夜色更幽绝。层层祇树光，面面昙花结。朱棂映烂熳，宝座显曲折。近拟舍利红，远若繁星列。洵知三昧火，大地照俱彻。慧觉路非遥，湛然生禅悦。金篦刮眼膜，回首消一切。

游洪山次壁上韵　陆光旭

双旌奕奕映清班，人似冰壶气似兰。西雒宾朋怀旧好，南楼风雅许追欢。他乡白发今愁改，多病青尊此会难。为是冥鸿天界阔，孤飞欲傍五云端。

登洪山寺　刘朝英

手扳朝朝兴未从，秋来蹑屐到龙宫。金银气色寒郊外，楼阁参差暮霭中。塔势欲飞初罢磬，禅心方定复闻钟。谁言世出莲华国？却是城头姑射峰。

游洪山　陈大章

出郭聊为一日闲，禅宫高倚翠微间。涛声遥撼三江口，岚气平开八分山。古殿龙蛇昏白昼，空阶雀鼠走颓阛。晚来更蹑浮屠顶，咫尺青霄路可攀。

登洪山寺　万历丙戌少鹤山人韵

攀径登临到上方，娑婆世界本非常。苍松路绕三三里，瑞焰灯分七七光。闭户有僧身即定，问禅无语妙难量。我来解悟浮生话，鸟语猿吟度曲廊。

登洪山塔　沈棨

一入龙蛇窟，浑如洞里仙。兴豪频历险，步健每当先。眺远三千界，登临咫尺天。褰裳成羽翼，飞绕白云边。

宝通寺留题　楚端王荣㳦五首

父王展祀寝园率昆季恭迓驻跸

恭迎象辂郡城东，宿卫森严雾雨中。云薄层峦连宝刹，秋浮丛树动金风。法堂有像三生悟，精舍无尘万相空。瞻企灵泉起天末，松楸遥望郁葱葱。弘治庚申

恭迎睿驾再驻洪山

仙仗山行日未还，趋迎破晓出重关。遥瞻雁塔撑斜汉，又为祇园到此山。石洞飞花蒸雾润，春阶过雨长苔斑。笑看昔日留题处，不用纱笼护壁间。弘治壬戌

恭祀寝园还经洪山用前韵

寝园展祀驾言还，却访高僧正闭关。雨后新犁耕野陇，春晴好鸟叫空山。尘埃不到地偏净，竹院初晴笋脱斑。延伫浑忘归去晚，斜阳半阁翠微间。正德癸酉

偕姻家吴世宝都阃游洪山分韵得风字

命驾偶游山郭外，探禅因访梵王宫。禾稼及时逢好雨，闾阎解愠有薰风。远郊但见云连水，幻境应知色即空。花草含烟绕暮景，霓旌摇影月明中。嘉靖甲申

再过洪山

久不过方丈，山花傍鸟迎。闻钟来法界，带月出宫城。江郭乌初度，浮桥水渐生。参禅师惠远，一笑已忘情。

过洪山宝通留题　楚武冈王显槐五章

恭承宠命谒亲园，便道来临不二门。满路好花开野陇，一犁新雨足孤村。云房清梵音初落，草砌荒碑迹尚存。何处暖风吹不断，诸天游罢近黄昏。成化丙午

圣天子仁笃亲亲，无间存殁。吾先妣追封次妣，以戊申岁四月十有九日，焚黄礼成，藩臬诸司，咸与其事。祭毕，谦谢于洪山。谩赋一诗，用纪一时之盛。

轮舆出郭动和铃，陇麦黄秋稻正青。谥典光华同晓日，群公揖让聚文星。径深花竹僧房静，地胜云山仙迹灵。山有杨东里学士《遇仙记》。盛事躬逢知不偶，愿歌天保答虞廷。

步入招提思爽然，一时冠盖萃英贤。南开殿阁初长日，西瞰大江欲暮天。樽酒酬宝临鹤舞，钵云听法侍龙还。芳村田鼓声高下，膏雨前知是稔年。弘治己酉

地远人行少，山空菊吐花。龙涎焚石鼎，蟹眼瀹团茶。僧定午无梵，鸦啼晚带霞。重过游旧处，慷慨亿[1]年华。弘治己酉

禅门一径寂，胜日谩追游。不雨山长润，无风云自流。目空三楚阔，林密四时幽。到此忘尘虑，劳劳愧未休。时子再上病疏，不允，故云。庚戌岁。

游洪山次韵四首　嘉靖壬戌六月七日长沙月川周诰

招提风景快游人，溪外莺花别有春。杖履不辞穿野径，酒杯那惜醉芳辰？宿缘未了三生旧，华发结看几度新。况是湖南形胜地，不妨行乐莫逡巡。

深深萝薜喜同扳，石磴潆洄紫翠间。栋宇齐梁元壮丽，水云荆楚擅清闲。谈经净几闻僧语，棋对幽林动客颜。归路鸦啼天欲晚，渐看灯火下柴关。

野寺经行又一年，满前风景尚依然。枫酣叶落霜垂地，草冷平湖雁唳天。绿酒漫倾容我后，黄花须插让君先。都将好句铭佳会，磨石还从次第镌。

① 亿：疑为“忆”之误。

开宴禅房正暮冬，深杯话景对萍踪。灯明山廓千寻塔，月满城闽万井钟。鸟外江山仍故故，云边楼阁自重重。扶筇更上高间望，满眼晴霞散九峰。

洪山陪饯沈秋官次刘西陂先生韵四首　慈溪钱照

山中麋鹿不惊人，山上松杉历几春？惜别何缘当此地，来游犹幸及兹辰。昙花不共年华老，梅萼偏同岁律新。览景欲图今日醉，未妨归骑复逡巡。

岩扉晴雪共跻扳，疑在瑶台玉宇间。瞩目可知红日近，举头犹见白云闲。竹房暂尔栖尘迹，茗碗悠然豁醉颜。萝月松风浑似把，试从仙子扣玄关。

山僧迎客已颓年，雪茗炉薰只手然。访古共欣谈往胜，寻真漫复礼诸天。游从群彦时多暇，足蹑崇峦步欲先。旧约已酬尘外兴，新诗聊向竹间镌。

江村木落正深冬，江阁寻春有故踪。白见梅梢含淡月，清闻林杪出疏钟。离筵共惜犹堪把，胜会应怜不可重。何事分携太勿[1]剧，夕阳旌旆又前峰。

天正辛亥六月坐关募化　江西臬宪柳公赠诗

忍视浮屠在劫灰，入关投果鸟飞来。若非慧性超三辈，安得群生看度杯？

一线红光松际回，锡飞到处即天台。桑门蒲塞今何若？莫把和南衣钵猜。

天正韵

一层山起一层山，塔顶摩天午夜间。欲殚林前车马客，清风明月

① 勿：疑为“匆”之误。

许谁闲。

东岩诗二句 其余磨糊，字不能辨

几处稻粱喧鸟雀，数声钟磬起渔樵。

隆庆五年三月，陈墀、王守成、方清、郭懋、杜一山、罗琳、张希范、刘孜八人，俱嘉靖孝廉，游洪山，步万川上人韵

巾车出廓远相随，正值东风和煦时。山接凤城瞻王气，云开宝刹礼仙仪。花迎塔院香偏剧，日转岩扉影渐移。共喜拂衣得幽胜，谈玄端会讯支师。

有约城东逐步随，春风桃李正当时。且将诗句酬嘉会，莫厌疏狂简礼仪。小鸟噪晴花底碎，淡云筛日竹间移。迷心偶觉皆虚幻，何必空门讯远师。

郊外寻春日日随，投闲共喜值清时。赓歌愧我无佳句，笑傲怜君有令仪。隐隐磬声云外度，栖栖花影坐间移。此来不为耽幽寂，拟透真诠一问师。

胜日登临策杖随，徘徊犹忆少年时。春分云谷来莺友，人听箫韶是凤仪。景物真成天外趣，风光会见眼前移。逢僧说到无生处，我亦归来自有师。

雅会相邀喜暂随，高情得得趁芳时。登山无待筇支杖，借草聊同野蕞仪。花气薰人看易醉，松阴过午觉频移。坐深真乐溢胸次，点也当年信我师。

乘兴悠然杖履随，招邀还恐负明时。歌逢嫌媚杯无算，语不喧哗乐有仪。乍到竹边山色映，忽惊花里日光移。老僧似解沉吟意，想是当年一字师。

莫怪葛垒[1]到处随，一春能得几闲时。高怀未减陶元亮，完福谁同郭子仪。对酒且陪春社约，勒文休拟北山移。竹林不怕苍苔滑，明日重参玉版师。

寻春步屧谩追随，草软花香正及时。行到上方依佛果，庄严四大摄威仪。炉烟细细因风袅，塔影团团向日移。坐我斯文适石塔，饱参谁是白莲师。

歌

洪山影壁双龙歌 叶泽森

楚江江上山嵯峨，蜿蜒诘曲周盘陀。东有一峰更苍润，金轮宫殿凌沧波。沧波千顷更匹练，回瞻长江渐如线。绀宇丹楼一径通，雕墙峭壁双龙现。借问此龙胡为来？云是前朝朱邸开。养就神池吞日月，吸呼帝座走风雷。镐壁苍黄祖龙死，尘灰沉没土花紫。瓦砾榛芜弃道傍，山僧举手劳相徙。忆昔真龙起沛丰，手提三尺定群雄。鲸鲵斩尽封京观，云梦来游舞《大风》。宫中时报生龙子，锡圭胙土当于此。方城维城汉水池，千秋万岁神明祉。朱甍绣瓦倚斜曛，楚舞燕歌镇日闻。才人良苑朝朝雪，神女高堂暮暮云。为云赋雪无穷已，离宫别馆连天起。玉砌金铺耀日明，铜乌铁凤飞烟里。一朝蛾贼[2]满江关，龙去江流竟不还。剩有丹青镌旧壁，败鳞残甲落人间。洪山有寺千年筑，佛火青磷互相续。中丞诧现宰官身[3]，涂金衅碧辉林麓。却传此物委泥沙，拂拭牵携供宝华。从今谛听空王法，此后应忘帝子家。呜呼龙种当时绝，春陵佳气长销歇。东风树色秋风靡，蜀国鹃啼春雨血。独有

---

① 垒：疑为“藟”之误。葛藟，植物名。

② 蛾贼：封建时代对农民起义军的蔑称。

③ 中丞诧现宰官身：指贺逢圣升迁的故事。

双龙护法筵，晶荧鲜采炫金莲。任他赤豹玄熊斗，只伴青狮白象眠。龙兮龙兮莫悲吟，秦宫汉阙谁长存？昆明劫火几度喷，老僧守护勤朝昏。君不见延津流光赤如电，风雨飞去雌雄剑。

告　示

严禁兵勇人等擅入寺中[①]

钦差大臣文华殿大学士兵部尚书都察院右都御史湖广总督部堂世袭一等果威伯官[②]，为再行出世[③]严禁事。

照得洪山宝通禅寺，为神灵式凭之所，前因访有马队、步卒在寺住宿，强取什物，蹂躏砖瓦，当即示谕严禁，并令地方官随时查挐在案。现值兴修该寺之时，恐有不肖兵勇人等，仍入寺中乱取砖瓦、器具等项，合再出示严禁。为此示仰兵勇人等，一体知悉。自示之后，毋得擅入寺中，将砖瓦器具任意携取、蹧踏。倘敢故违，许该寺指名禀究，其各凛遵毋违。特示。

右仰通知

同治四年六月▨[④]日示

告示碑

钦加盐运使衔调署湖北武昌府事汉阳府正堂加三级纪录十次钟[⑤]，署湖北武昌府江夏县事蒲圻县正堂加十级纪录十次恩[⑥]，为出示谕永远遵行事。

---

① 此标题底本所无，校者据文意补。
② 官：指官文。见前注。
③ 世：疑为“示”之误。
④ 底本为空格。
⑤ 钟：同治年间武昌知府。
⑥ 恩：同治年间武昌府江夏知县。

据宝通寺座院僧常明等禀称：缘省城宾阳门外宝通寺，系唐文宗皇帝太和九年，敕封善信禅师为慈忍大师，赐额“幽济禅院”。至明太祖高皇帝，请浙之龙门海禅师至此，修理大雄宝殿，弥陀、弥勒、金刚诸殿，禅堂，戒堂等，庄严佛像，铸钟建塔。英宗皇帝正统十年，赐藏经五千零四十八卷，赐玺书护持，赐亲书金字《法华经》一函，金像三尊。宪宗皇帝敕赐“宝通禅寺”，重修各殿佛像金身。迄今清规静肃，虽荷佛祖之光，实官斯土者仁政所孚之地也。然模范固凡整齐，而僧众贤愚不一。盖此寺住持三年更换，每值退院之时，凡钱谷重物悉入己囊，已成旧习。兵荒叠经，庙宇灰烬，片瓦俱无。座院僧常明同方丈心源、首座能慈、副寺隆德、监院、知客及合院大众等不惮艰险，矢志兴修，募化善士，凡粒米寸丝，与众同享。屡蒙钦差大臣湖广总督爵阁部堂官及各宪台，培修梵宇，庙貌焕然。僧等自愧菲微，叨住斯寺，承诸檀越善助，庙宇渐次光辉。切念弊不除无以绍隆佛化，法不立何以恪守清规？而推其要，惟公之一字，可以报佛恩而服僧众。与其私而不足，何若公而有余？兹特与方丈、首座、监院、副寺、知客及合院大众等公同商酌条款，粘呈于后。但恐年湮代远，又复更变。为此，叩请批示立案，赏给告示勒碑，永远遵奉等情。据此，除批示外，合行出示晓谕。为此，示仰宝通寺各僧众知悉：尔等务各遵照后开条款，谨守清规，不得徇私妄为。倘有违犯不遵，一经查出，或被告发，定即挐案，从严究惩，决不稍宽。凛之慎之。特示。

计开各条款：

一　方丈和尚付法，务须合院公议，公举道高德重、参足学足之人，方准付法，不得任意徇私。

一　新方丈进院安众之费，仍旧新方丈自出，不得较量。进院之后，每月定送衣单钱二串正，一切香仪悉归方丈。

一　方丈除应酬檀越喜忧等事外，专以领众参禅、过堂、上殿、二时课诵为主，毋庸分心杂务。

一　寺中凡善信布施银钱、谷米及一切送礼、诵经礼忏出息，尽付监院总管，归公济用，务要登记明白，出入清楚。每月同方丈及合院大众算账一次。倘有含糊，俱可查问。

一　监院必须大众公举，每年议给衣单钱拾贰串正。倘有私弊刻众，出入不清白，方丈及大众公摈。

一　方丈原庙人等来寺，不得充当监院、副寺、知客等职，余职亦须量力。

一　寺内各职衣单，俱照旧例，务须恪守戒律。自方丈以及内外僧众，日后倘有私吸洋烟，不遵清规，立即摈逐，不服者出院。

一　本寺凡来讨单居住者，不论生熟，客堂白方丈，务选择贤否，可住则住，不得任意徇情留住，扰乱规模。

一　凡外来挂单僧众，客堂务须盘问来历，清白方可给单。如有形迹可疑者，概不准收留。

以上所议各条款，均系本寺僧众公同酌议。日后倘违乱不遵者，立即摈逐，决不宽恕，慎之慎之。

右仰知悉

同治▨[1]年▨岁▨月▨日示

江夏县正堂恒[2]为谕饬事

案照同治六年宝通寺僧心徽禀称：王子恩庄十四石三斗一升五合，额收租谷一百二十一石六斗；夹山晏湖庄九石五斗三升五合，额收租谷一百一十九石一斗。拜。随据该庄头王传烈、晏大旺等禀，认田八

① 底本为空格。后同。
② 恒：同治年间武昌府江夏知县。

石七斗七升五合一勺，额完租谷八十七石七斗五升一合六勺；认田八石二斗四升九合零，额完租谷八十二石四斗九升三勺。似僧禀田租较多，而佃认田租较少。除饬该庄佃等暂照所认数目赶紧折银完缴，并饬该庄佃等赶将钱漕自行清理外，尚有未认田地、租谷、山林、屋场等项，仰该僧查明另禀，以凭核办。切切。此谕。

右谕仰洪山宝通寺僧心徽遵照

同治七年七月二十三日

此二庄田朦混太多，将来精明寺僧，必须细查，以重香火。

江夏县正堂恒为谕饬具领事

案照洪山宝通寺僧心灵禀请给领香火银两等情前来，查该寺晏、王两庄田产，系道光三十年僧月空禀经前县饬照夹山学田章程，由县折征租银转给该寺，以资香火在案。嗣因兵燹，案卷焚毁，致未照常接办。兹据该晏、王两庄佃民，将同治七年分折粗[①]银两，遵照旧章完纳前来，自应仍给该寺僧承领。除饬照学田每石提给书役饭食、纸笔、盘费、运脚等银二钱四分一厘四毫外，共实存折征租银三十二两四钱三分八厘六毫。仰该僧即行赴县具领，以凭给发母[②]违。切切。特谕。

右谕仰洪山宝通寺僧心灵遵照

同治八年二月二十四日

江夏县正堂陆[③]为谕饬事

案据龙神庙住持僧瑞峰、天后宫住持僧本悟等禀称：贤良祠住持僧自安因至普陀进香，该庙空旷，乏僧住持，僧等遴选，得洪山宝通

---

① 粗：疑为“租”之误。

② 母：同“毋”。

③ 陆：光绪年间武昌府江夏县知县。

寺僧自成，年三十八岁，自幼出家，经典纯熟，向守清规，堪充住持，接奉香火。理合出具，互甘各结，禀请给谕等情。据此，合行谕饬。为此，谕仰该僧自成遵照，即入贤良祠住持，兼看节义侗[①]香火，务须虔诚伺奉，不时在庙打扫洁净，毋许闲杂人等在庙喧哗。该僧亦应恪守清规，毋得干预外事，自取咎戾。凛之慎之。切切。此谕。

光绪五年四月二十二日

江夏县正堂熊[②]为出示严禁事

据洪山宝通寺住持达澄禀称：缘僧素处洪山，本属佛堂重地，前蒙各大宪再三捐费，缮治围墙，盖欲分内外以肃清规，禁喧嚣以免污秽也。今有邻近村民，每多陋习：妇女托踏青之说，出入无常；婢妾假挑菜之名，往来不忌。窃思群伦杂处，恐滋弊端，欲以理谕而不能，亦以势禁而不可，只得敬叩出示严禁，并传集地保，逐家晓谕等情。据此，除批示外，合行出示严禁。为此，示仰该处附近居民人等知悉：尔等须知宝通寺乃佛堂重地，理宜清静。家有父母夫男者，务各诰诫妇女，勿得入庙闲游、挑菜，预杜后患，是为至要。倘敢不遵，许该住持投鸣地保，指名赴县具禀，以凭饬拿其家夫男坐罪。该处地保更应家谕户晓，谆谆诰诫，禁止游庙、挑菜陋习，切勿稍涉大意。各宜凛遵毋违。特示。

光绪七年三月▨[③]日示　住持达澄勒石

---

① 侗：疑为“祠”之误。

② 熊：光绪年间江夏县知县。

③ 底本为空格。

洪山宝通寺新旧田地坐落地方、田地丘亩、收谷石斗数目总记

一　本山后垄起，一垄两塝，喻姓田边为界，水田七丘，共种一石零六升，归〡〨租[①]，长塘一口，地一块。又，谢家嘴起，水田二十二丘，共种三石五斗一升五合，归〡〨租，内一丘七升半，〩〢租[②]，门前水塘一口，山场一段，庄屋一所。又，水口湖东边起，水田十四丘，共种二石八斗三升五合，归〡〨租，内有一丘四斗五升作地种。又，彭家田边张家塘下并新庙门口，水田八丘，共一石一斗，归〡〨租，内有二丘二斗，〩〢租。又，新庙右边大垄起，水田四十五丘，共种十一石四斗二升，归〡〨租，内有五丘一石四斗五升，〩〢租。大花池塘一口，小花池塘一口，均公用。又，大塘一口。又，桂家门口起，水田六丘，共种八斗，归〩〢租。以上总共水田一百零二丘，计种二十石零七斗三升，租谷二百十九石一斗四升四合。

一　山前南竺巷雷姓田上界起，水田十五丘，共种三石，归〡〢〤租[③]。又，田家园门前路边起，水田五十一丘，共种六石七斗九升，归〡〢租[④]。藕池一口，水塘十八口。以上共水田六十六丘，共种九石七斗九升正，谷一百一十五石八斗六升四合。

一　仁惠硚山下左边田起，计水田三十六丘，共种六石四斗五升五合，归〡〢租。又，水田二十一丘，共种三石六斗，归〡〤〣〣租[⑤]。又，一

---

① 归〡〨租："〡〨"为苏州码子，后同。每石种田交纳租谷十石八斗。

② 〩〢租：每石种田交纳租谷九石二斗。

③ 归〡〢〤租：每石种田交纳租谷十二石四斗。

④ 归〡〢租：每石种田交纳租谷十二石。

⑤ 归〡〤〣〣租：每石种田交纳租谷十四石三斗三升。

丘田二斗五升，归卜租[①]。又，一丘田三斗，归对租。公塘三口，私塘十五口。以上计五十九丘，共水田十石零六斗零五合，谷一百三十四石七斗九升八合。

一　杨福磅横岭傅家海破塘下起，水田十九丘，共种一石五斗。又，大塘下正头起，水田三十五丘，计种三石六斗六升五合。又，磅头东塝起，水田五十八丘，计种五石一斗九升。又，正垄西塝上起，水田三十三丘，计种二石三斗三升五合。总共一百四十五丘，内除免租五丘，计种十二石六斗九升，内除免租三斗九升，又除香火三斗，共计田十二石正，实纳租谷一百零八石。庄头熊、陈二姓，外熟地四石五斗六升，众姓承种，每年地稞钱一串六百文。庄房六间，水塘大小五口，园林稻场石磙俱全，路边禁碑一块。又，法师洲官垱草厂一段，东二百二十一弓，南九十八弓，西一百三十一弓，北七十九弓，中间二百零八弓，出路一丈二尺宽，到河边有堆草码头。

一　叶庄正垄独斗丘起，水田三十九丘，计种三石九斗一升六合五勺。又，官塘背起，水田十一丘，计种四斗四升四合五勺。又，官塘东塝起，水田三十六丘，计种一石九斗六升七合三勺。又，腰塘嘴枫树田起，水田二十一丘，计种一石二斗五升。总共一百零七丘，内除免租四丘，共种七石五斗七升八合三勺，内除免租五升，又除帮谷一斗一升，又除水淹一斗四升，实纳租谷七十二石七斗八升三合。

一　石庄大塘东塝起，水田三十三丘，计种二石一斗一升。又，董家门前起，水田十七丘，计种二石零二升五合。又，正垄起，水田三十一丘，计种三石六斗六升五合。又，全家塘大路起，水田十一丘，计种七斗零五合。又，汪家山边起，水田十九丘，计种一石五斗零五

---

① 归卜租：每石种田交纳租谷十一石。

合。又，张四海起，水田十六丘，计种一石零八升。总共一百二十七丘，内除免租十一丘，共种十一石零九升，内除免租四斗八升，实种租谷田十石零六斗一升，另有收租细册。再，石庄门口大塘，不许外人车水。

一　郭家垄水田九斗五升，共九丘，每年额租十二石七斗三升。又，塾[①]地一块，一切新米、新面、年糍供应，载各庄租册。

一　同治十年，众姓功德，捐置曹家垄水田五石零七升，共壹丘，每年额租六十三石八斗。

一　同治十年，武昌县人高纪玉捐置郭家垄水田壹石五斗，俟再查丘，每年额租二十石零一斗。

一　同治十年，武昌县人高纪玉捐置郭家垄水田二石五斗，计二十一丘，共租三十三石五斗，归〡〣〤收租[②]。熟地一块，坟地一块。

一　光绪元年，汉阳斋婆刘克贞捐置郭家垄水田一石，每年额租十三石四斗正。计丘数待查。

一　光绪五年，收回真武观水田十二石，每年额租谷壹百二十六石正。丘再查。

一　光绪七年，汉口粤东公所社人许门陈氏克恭，捐置东岳庙后水田一石八斗，额租二十四石。菜地十四块，杂稞载收租册内。

一　黄河狮子岭王子恩庄水田十四石三斗一升五合，额租壹百二十一石六斗。现只认地稞一两四钱。屋基一块，租八十七石七斗五升一合六勺。其有正粮[③]兑米，由该佃每年收租谷内先代完纳，余租每

---

① 塾：疑为“熟”之误。

② 归〡〣〤收租：每石种田交纳租谷十三石四斗。

③ 正粮：正税，旧指主要赋税。清代称田赋、丁赋为正税，称盐课、茶课、牙税、当税等为杂税。农民以粮完正税，故称正粮。

石找钱五百六十文归寺，无论水旱照交。

一　夹山晏胡庄田，全垄无杂，抵港右首清明岭陆地，水田九石五斗三升五合，额租壹百十九石一斗一升，地稞二两三钱。庄屋二间，屋基二块。现只认租八十二石四斗九升三勺。其有正粮兑米，由该佃每年于租谷内先代完纳，余租每石找寺钱五百六十文，水旱无欠。此庄田港之外有荒山段，经庙僧议让况姓，屋后栽树。园林中有大路，仍[①]人行走，得受香火它银八十两。其有山下陆地，向系况、晏、张三姓栽种，仍属各管各业，立有合同，庙僧、况姓各执一纸为据。

以上二庄，系前寺僧月空托县户书代办，因十余年拖欠尤多，光绪五年，寺僧常明禀明情形，经陆县尊批，仍归寺自行收租。嗣后，洪山宝通寺已载入志。各庄田地，不得妄托旁人代管，亦不得妄自变卖、掉换。严戒。

一　各庄除王子恩、晏湖庄外正额钱漕[②]，载修贤二里六甲洪寺毕荣户内，完纳钱粮正银四拾二两一钱四分二厘，漕粮正米七石二斗一升。

一　载黄河一里八甲洪宝成户内，完纳钱粮正银拾壹两六钱零四厘，漕米一石九斗四升四合。

一　载下阳洪春荣户内，完纳楚稞正银七两一钱二分。

一　载东山洪毕荣户内，完纳楚稞正银三两零三厘。

以上钱漕楚稞，禀定归𥿄[③]，平它纹银一两五钱六分，完正一两，奉准饬房备案，其王子恩、晏胡庄钱漕不在此户之内。

一　钵盂山因屡被偷葬，现召人开垦种粮，每年照收成多少，分

① 仍：疑为“任”之误。
② 钱漕：钱粮。因税米多漕运至京，故称。
③ 归𥿄：归纳纹银九两八钱五厘。

拨归寺济众。

一　督宪饬令看管岳王庙旧基，恐有失落，现着人开垦种地，借得保守，以待将来建造。

一　寺外东山，向被奸民刘知安屡次盗卖与人葬坟。光绪二年禀县，将刘知安驱逐远徙，嗣后庙僧随时留心保护，以重庙基。

光绪八年，大护法新捐香火田三庄：

一　江苏候补道实授汉阳县正堂林印瑞枝，买曾纪祥田，坐落洪山后高陂岭刘家塆，大小十四丘，水田叁石贰斗，额租叁拾三石。陆地四块，稞钱五百。公山一段，私山二段。庄基一块，一重二间。

册名黄骏荣，正银壹两四钱二分八厘，漕米贰斗五升五合。

一　许克恭买叶定春田，坐落广福屯八丘塆，大小七丘，水田九斗五升，额租九石五斗。

册名杨天付、陈开厚，正银四钱七分五厘楚稞。

一　许克恭买黄民安田，坐落广福屯八丘塆，大小三丘，水田四斗五升，额租四石五斗。

册名胡万顺，正银二钱二分五厘，漕米四升五合。

洪山敕赐宝通禅寺志增补集

江夏袁莲峰方伯鉴定

沙门达澄惟忍增辑

比丘戒空淡然参订

重修洪山宝通塔碑记

鄂省东关外，洪山宝通寺之宝通塔，历朝以来，兴而废，废而兴，其未能泯灭者，缘关全省文风故耳。

寺由唐建于随州洪山，敕额“幽济禅院”。宋端平间，随地兵燹，寺已灰烬，奏请帑金迁建于鄂之洪山，敕号“崇宁万寿禅寺”。元季至元七年，添建塔于寺之东北山腰，名“临济”，并置田三十余石赡僧。至顺三年，又建大雄宝殿及各殿宇，将塔重修，高十三丈三尺，广十一丈二尺，顶一丈三尺。明成化二十一年，敕赐为宝通寺，更塔为宝通塔。正统、景泰、弘治、正德、嘉靖、万历，前后屡有修建。崇祯乙亥春，楚昭王九世孙壁[①]山侯重修弥陀殿，修葺千手大士、五百罗汉诸殿宇，内外焕然一所[②]，戊寅秋始落成。越六载，而明末丧变，蹂躏殆尽。

国朝康熙丙辰，巡抚张公朝珍、藩司徐公惺暨各大宪捐资兴修，建造殿宇百楹，宝塔七层，其庄严轮奂，盛于前代，又增香火田五十石。迨后，乾隆、嘉庆间，督抚毕公、高公叠次修葺。咸丰初，粤逆

---

① 壁：前文为“璧”。

② 所：疑为“新”之误。

三次滋扰，殿宇荡然，宝塔秃兀。八年戊午岁，前两院宪官文恭公、胡文忠公，建复二佛殿，余工欲举，未果。

今百废俱兴，各大宪培植地方，以塔关全省文风，亟宜修复。李筱泉大府、郭远堂中丞命华劝捐兴修，并发铜万斤铸塔顶，遂极力广劝武、汉。实收捐银九千五百九十余两，钱七千一百九十余串。但照所估工程，未及十分之五，无如能捐者吝于输，已写者吝于给，以致工程难办。且塔非草草可了，故未敢延友设局。

华亦枵腹从事，惟期樽[①]节以归实济。昔日之飞檐护栏及塔下围廊，皆以木瓦，每二三十年，辄有补修。今飞檐易以石，护栏易以铁，围廊易以八方石，台顶照旧增高五尺，用文笔峰铸铜一万三千斤，希其垂久。于同治十年辛未冬兴工，至十三年甲戌三月将塔完竣，余力仅建斋堂、山门、上下阶台二百数十级。虽架木可起殿宇，其他工料无款可筹，势将中止。幸奉制宪拨发钱二千七百缗，命建岳忠武庙于洪山，即交洪山看守。又得武邑勤苦积资民人高纪玉捐钱七百六十串，复鸠工。将架木于寺东，修岳忠武庙，并建寺之弥勒天王殿、法堂、禅堂、僧房、客厅。之外尚有余木，经各匠作凑捐钱一百串，将塔前之亭修复，甲戌仲冬始毕。其间若有神助，竟大局告成。

惟大雄殿、千手观世音、五百阿罗汉及诸殿并围墙五百丈，尚须巨款，犹冀贤士大夫、巨商富室，尚义轻财，栽培后世，方能复其旧制，庶较前之庄严轮奂，而后先媲美也。勷[②]办工程，不计薪水之戚友黄振之辉镜、甘笃斋守信；分管杂务，则庙僧常明、达峰、昌明、能慈、正海、启堂而已。

光绪元年仲春月　沙羡袁太华谨撰　住持达毓立石

---

① 樽：通“撙”。抑止。撙节，节约；节省。

② 勷：同“襄”。帮助；成全。

重修洪山宝通塔寺募缘疏

佛称三世，过去、现在、未来也。有过去开创于先，有未来续绪于后。若无现在之文星主持其中，则先者何能承？后者何能启？而过去之创空开，未来之绪莫续矣。

惟洪山有三，在鄂渚之黄鹄东者，旧名东山，推全楚第一峰。方城为城，汉水为池，四方禅客、名流，吸烟霞而供吟眺者，皆于斯息担而着屐焉。溯其源，始于刘宋。唐贞观间，额曰“弥陀寺”。因鄂公[①]培植风水而兴。文宗太和间，敕“幽济”。武宗会昌间，复敕“灵济”。宋理宗端平间，敕“崇宁万寿禅寺”。

先是，唐敬宗宝历间，有慈忍灵济祖开刹于随，命名洪山。传七世，云庵兴祖邀“万寿”之敕，主席于东山，并徙寺额于随，此由随迁鄂之始也。云庵再传，后有则翁实祖，蒙元世宗敕，迎至京，后住于许，而许之洪山复建寺，是鄂之洪山为现在之洪山，方能承启于随、许矣。则翁去后，主鄂席者乃无积聚祖也。

至元十七年，缘庵遇祖募修宝塔。先大德、延祐间，塔中供奉梓潼铁像并奎宿，燃长明之灯，文光照耀，翼轸分野，兆吾楚南北鼎元佳应，久而屡验。明太祖纳楚昭王奏，敕修殿堂五处，法相庄严。复铸钟建楼，请龙门海祖主持之。英宗正统间，赐玺书同御笔金字《法华经》，复赐藏经、金像三尊，命康王赍送藏经阁中，制备经柜经盖等事。成化二十一年，因楚靖王奏请宪宗，遂赐“宝通禅寺”，更塔为宝通塔，此塔、寺命名所肇端也。历朝圣帝明王以及名卿贤哲，皆于斯山竭力维持、阐宗风于不坠者，概难枚举。

---

① 鄂公：指尉迟恭（585—658），唐初大将，字敬德，朔州善阳（今山西朔州）人。

惟我盛朝，金轮永镇，玉烛常调，安有道而乐无虞，暨我大护法现宰官，身在欢喜地，咸矢忠荩，而报国祐民者，皆仗佛日天表，圆成上智也。雍正癸丑秋，世宗宪皇帝敕谕，斋僧万余，住持僧无相曾建醮，端祝圣安。一时名儒读书洪山本寺中，显达者代不乏人。若熊公伯龙榜眼及第，若胡公润学使经筵，他如兄弟捷春秋两闱者，若王氏为最著。王公开泰、开运、开藩、开铨以及子侄辈，均在本寺读书。莫不明府宣猷，万家生佛，是儒风之焕然成章，端赖山灵之默持毓秀也。所以，吴制府琠之供佛灯三年，丁制府之造幢幡八树，刘中丞兆麟之礼佛祝圣，张中丞朝珍之感梦修像、栽松，徐方伯惺之创首重修，镌石"白云"，钱都宪腾云于助修外，复造法器三十件，同发信心，普具德相。乾隆五十七年，前制军毕公见殿堂废弛，僧众云散，慨然重建，气象振兴。

迨至咸丰壬癸之交，粤逆煽惑，诸佛回向，而庙宇概付红羊者，六载于斯矣。咸丰八年戊午岁，乃蒙前爵阁部堂官文恭公创首重兴，监修者乃前抚宪胡文忠公，佛殿正梁端书二公衔讳。庚午，军门传[①]公先宗捐资助修，而功尚未竣也。辛未嘉平之十六日，复蒙抚宪郭公暨各位宪台，发慈悲心，授意于邑绅袁公同全位大檀越，起坠绪而振颓风，乐解智囊，醵金勷事，聚诸匠氏而鸠庀焉。

既承慨施于前，复望乐成于后，今宝通塔既有端倪，不日可以蒇事，而梵宇、殿阁、官厅以及墙垣，并古时灵迹八景，依旧凌夷，似难壮观。如蒙众善毕兴，循序同成胜果，理当编入洪山宝通志中，永垂不朽。僧皈依释氏，广结众缘，即乞现在之文星，普告同人，成此盛举。惟有顶礼三宝，默祝九如，仰求塔放祥光，为大知识端揆之兆。

---

① 传：疑为"傅"之误，"传"的繁体"傳"与"傅"形近。后文"护法"篇有"傅公先宗"。

谨疏。

同治十一年正月　　本寺住持心梵本名佛林和南书

护　法

国朝钦差大臣太子太保文渊阁大学士湖广总督部堂世袭一等果威伯官公文，辽阳人，咸丰八年札委知武昌府事如公山，监修大雄宝殿左右两廊、山门等处，装塑佛像、侍像、罗汉、水火金刚及供器等件。同治四年，曾出示严禁：马队步卒不准在寺滋扰。公薨后，谥文恭公，寺中敬立长生禄位。

提督军门苏博通额巴图鲁一等子爵鲍公超，四川人，助修。

巡抚部院胡公林翼，助修。

记名简放提督军门统领楚军明胜等营刚勇巴图鲁蓝公斯明，记名遇缺简放提督军门河北总镇管带楚军明胜左营巴图鲁魏公元禄，奏留湖北总镇管带楚军明胜右营长勇巴图鲁曹公俊扬，同治七年，同建客堂、殿宇房屋多间，制送方丈说法黄呢宝盖一座，并约束兵勇开垦本寺山场为园，种植菜蔬，作常住大众供养。复令搬运柴炭、米粮，给僧诵经数藏，概不惜费。

钦命提督军门赏穿黄马褂甘肃凉州挂印总镇胡松额巴图鲁傅公先宗，江夏人，助修。

伊洛堂程助修。

钦赐花翎记名简放提督军门浙闽总镇伊勒达蒙额策勇巴图鲁丁公贤发，孝感人，遗命嗣子良伍、良龙助修韦驮殿七间。

丁福田助修普同塔。

头品顶戴紫禁城骑马兵部尚书都察院右都御史湖广总督部堂李公瀚章，撰对联书赠住持心梵。

盐运使衔即补道胡公凤丹，永康人，以新刻《禅林宝训》《听经阁同声集》《净土诗》三书送住持心梵。

盐运使衔调署武昌府事汉阳府正堂钟，署武昌府江夏县事蒲圻县正堂恩，同出本寺《〈方丈章程〉永远遵行示》。

江夏县恒《给王子恩庄、夹山晏胡庄额收租谷谕》，复出《给领香火银两谕》。

同治十一年，住持心梵募化众姓功德，修普同塔，塑地藏王像、侍者像金身。

湖广总督部堂李公瀚章，拨发炮铜一万斤。

湖北巡抚部院郭公柏荫，同拨制钱二千七百串。

二品顶戴江苏补用道袁绅太华，劝捐督修宝通塔、八卦台、塔前亭、上山石阶台二百数十级、头门弥勒殿、四大金刚像、法堂、禅堂、斋堂、西花厅、云水堂。奉两大宪拨发钱，于寺东建岳忠武庙，供石刻神像碑，左右两祠，供汉孟恭武公、明熊襄愍公神牌。

有忠武王后裔岳翥轩，捐修照墙并东西圈门。

督部堂李宪命工程局建大雄宝殿，供金身佛像，两旁塑诸天像，东首修官厅，西首祖师殿，筑东西院隔墙，山门外修照墙、圈门等工。

记名提督统带忠义勇刘公维桢，修祖师殿，请铁身像装金，左右寮房后倒座[1]，装修斋舍，又于东首修武圣殿，供金身神像，均系独力捐修。

庙僧逐年租积，兼募化功德，于西首修观音堂两厢五大间、墙垣，另院预备女善人诵经住宿之所。

前四川候补道彭绅汝琮捐修神龛，供金身观音大士神像并侍者像。

---

① 倒座：亦作“倒坐”。四合院中与正房相对的房屋。

住　持

有事迹者录载

常明身座院老和尚　主席本寺三次，尽心募化修理本寺殿宇。于同治八年监修踏泊桥堤工，众业户送“普化全慈”匾额，外捐衣钵银修整本寺墙垣。复同首座昌明、西堂启堂、监院能慈、副寺隆德暨两单大众，清理常住[1]钵盂山及本寺坐山界址，俱立石碑清界。

主席识现和尚　勷理座院老和尚清理山场界址外，复募修殿宇、客堂、方丈，新制常住庄严法器等项。

主席识福和尚　勷理座院老和尚清理界址、田产、租稞外，募修殿宇、官厅，加补庄严法器、常住器具等项。于同治元年，浙江兵备道陈公印庆滋送“皆大欢喜”匾额。

方丈心源和尚　培补常住法器，募修二佛殿、山门楼，修理客堂、禅堂、上客堂等处，商议座院老和尚同阖寺大众，公请《〈方丈章程〉请永远遵行示》。

方丈心徽和尚　鸣椸募化法缘，不辞劳瘁，培补常住器具等项，镌《〈方丈章程〉永远遵行》石碑，并禀县请《王、晏二庄额收租谷谕》。

方丈心灵和尚　募修房屋、仓屋，培补常住器具等项，并禀县请《给领香火银两谕》。

方丈心梵和尚　募修韦驮殿、普同塔，加补庄严法器及常住器具等项，刊刻《妙法莲花经》《金刚经》《普门品经》《金刚论》，经板永存常住。于同治十年，挂山门、大殿、禅堂匾对。

方丈达峰和尚　恭缮小楷《金刚经》二部，装演[2]整齐，镇文峰

---

① 常住：僧、道称寺舍、田地、什物等为常住物，简称常住。

② 演：疑为“潢”之误。

塔顶。捐刻《归元镜妙经》，全板印送。

方丈达毓和尚　禀县请将寺中香火田地正饷兑米归九八五平，它纹一两五钱六分完纳，楚稞照完，奉批备案。募化刘军门捐修祖师殿、左右寮房，殿后装修精舍，置备器具齐全。和尚为军门悬挂匾联。和尚能诗能画，并精琴棋，与军门时有唱和。

方丈达云和尚　禀请县尊给还户房葛姓代管王子恩、晏湖两庄田地，仍归本寺收租，以资香火。

方丈达澄和尚　请县示禁妇女入寺挖菜、混杂无知、践蹋一切等事。募化施主，输捐香火田地。

洪山宝通寺历代祖传法派渊源记

毗婆尸佛偈云："身从无相中受生。"善哉斯言！生生之不已，相相之皆空，求无相于有相，莫不慈恩普渡，而众生同归于广生也。要知有身即有心，是心即是佛，人不离祖，祖皈依佛。此我本师释迦牟尼文佛，为西方大摩诃、首楞严，故凡南无者皆僧祇。传至二十八代达摩圆觉祖，开东土正菩提。传至曹溪六世慧能大鉴祖，列分五家之宗派。而五家中，推曹溪临济相传为甚众。

惟我善信祖开刹于随，遵临济派，嗣马祖法。因随大旱，山主张公武陵率子孙具羊豕以祷雨。祖叱之曰："雨旸不时，本由孽感，吾为汝以身祈。"三日果雨，岁大熟。迨至唐文宗太和九年五月念九日，祖引刀断双足以啖龙神，世寿七十有二。有司奏于朝，蒙文宗敕赐"幽济禅院"，锡封"慈忍灵济禅师"，供双足于寺。此随之洪山也。传七世至云庵兴祖，宋端平五年[①]，蒙赐"崇宁万寿禅寺"。祖因避兵，

① "端平"为南宋理宗年号，起于1234年，止于1236年，历时仅三年，此处"端平五年"有误。

捧双足并告敕寺额，徙迁于鄂，始开洪山寺院。此鄂之洪山也。至无诤顺祖，梦神语得开甘泉。至则翁实祖，于元至元间，奉诏送双足至京，归途过许，双足不起，祖遂开山于许。此许之洪山也。

而鄂之洪山，吕制置公文德遂请无积聚祖主之。至缘庵遇祖，于至元十七年募修宝塔，于至元二十八年，塔工方告竣，并置门首田地三十余石。至玉崖润祖，募化重修。至竹谿禧祖，不禄。至枯木华祖，于至顺三年清寺四围定界。元统二年，建佛殿塑像，改山门南向，并建万佛楼、各寮房等处，而庙貌为之一新。

至龙门海祖，于洪武十六年奉太祖召，为寺中住持，重为开山之祖。昭王监修殿宇，而佛法一新，赖祖之力也。至则庵铸祖，于正统元年，募化铸青铜钟一鸣。至铭铸宗祖，于正统六年重修宝塔殿宇。正统十年，蒙英宗赐藏经五千四十八卷，并赐玺书护持，赐亲书金字《法华经》一函，金像三尊，命康王亲送于藏经阁，制备经柜、经盖等事。至碧空鉴祖，于景泰六年募修大殿、禅堂等处，天顺二年完功。成化二十一年，蒙宪宗皇帝敕赐“宝通禅寺”，更塔为“宝通塔”。至东晖皛祖，于弘治十三年修理钟鼓等处。至崒公宗祖，于正德二年，同宗恺、宗楠、非二诸祖各捐衣钵银，重修宝塔及殿宇。至东庵权祖，于嘉靖七年修理各殿，蒙光宗发帑。至应庵感祖，于万历三十七年，因方丈被劫，祖力募重修。至无明奖祖，于崇祯八年修理，时值明季流寇猖獗，叠经兵燹，仅存正殿三重。

迨至我朝定鼎，俞昭汾祖重兴佛法，募中丞张公朝珍、方伯徐公惺同修殿宇、佛像，镌石“白云”。至润堂证祖，募慕中丞天颜重修。至严序纪祖，募郭制府琇、张粮宪圣佐、张驿宪士伋重修方丈并宝塔、殿亭。江夏洪明府国辅更重修焉。至苍石立祖，募鄂制府海送匾献佛，吕方伯犹龙作祖语录，序题像赞，后助龛费。张方伯圣猷同护督抚事张公圣弼、粮宪张公廷枢均重修焉。至妙月中祖，输茶银于每年四月支取传寺。至昆贤祖，募两广制军赵公修理。至慧光定祖，募武昌太守章公护持。至道瞻悟祖，修理山寺，有两匣托钵米十石，于十二月支取传寺。至中频睿祖，复为修理。以上诸祖行实，因年深日久，传闻不确，谨依原志中所载者，约略而记其大概云。

窃寺自唐宋元明以来，代有隆替。至我朝康熙、雍正间，始得重为修理。乾隆五十七年，毕制府秋帆公按部吾楚，遂为斯山大护法。丹楹画栋，复旧日规模，并访延龙华寺声汉觉音祖，戒律精严，使主斯山之席，以后遵万安禅师宗派。至遇安海潆[①]祖，至晓参了遐祖，至浣尘悟鉴祖，至觉成真慧祖，接续相传，递衍不紊。而诸祖语录事实，莫获其端倪，不敢妄载。至我身德常明祖，使宝通之复兴，法传二支。遵显圣散木澄禅师续派，递传二支。乃我法伯祖识现和尚，下传法伯心源、心灵两和尚，此长房也。次房即我法祖识福和尚，传法伯心徽和尚暨法师心梵和尚。法师本名佛林，号皓月，本号松泉。

从此，四支分传，各清各支，循序列编，庶几井井有条，同振禅说之家风而不坠也。仰祈诸祖默佑提撕，凡我后贤，无忘法喜，此达澄和南而溯根本于大木，清源委于流水矣。兹因寺志告竣，谨缕述历代祖传法派，而为之记。

显圣散木澄禅师续派曰：

识心达本，大道斯彰。能仁敷衍，古洞源长。果因融彻，显密均扬。法云等润，灵树舒芳。慧灯明耀，遍照慈光。应化乘运，玄印元纲。匡扶奕世，传永弥唐。

大清光绪壬午年蒲月榖旦

曹洞正宗第五十世惟忍达澄手书

---

① 潆：据本书前文，疑为“滦”之误。

捐资续刻庙志芳名[1]

现住本寺十方长老、禅衲、道友捐资续刻庙志，芳名列后：

本寺方丈	达澄和尚	捐钱伍串文
汉镇古三皇	能慈	捐钱叁串文
陂邑界河寺	启堂	捐钱壹串文
潜江古佛寺	慧仙	捐钱贰串文
冈邑半偈庵	一心	捐钱拾玖串
应山兴隆庵	恒椿	捐钱贰串文
应山培龙寺	普济	捐钱壹串文
孝邑普济寺	永真	捐钱叁串文
应邑复兴寺	正纪	捐钱伍百文
四川云峰寺	圣荣	捐钱伍百文
河南慈悲寺	方提	捐钱壹串文
本省丁公庙	体亮	捐钱壹串文
孝邑天台寺	澄泉	捐钱壹串文
孝邑杨家庙	持偈	捐钱壹串文
孝邑朝元阁	辉耀	捐钱壹串文
天悦关帝庙	心宽	捐钱壹串文
木兰山福慧庵	效古	捐钱伍百文
孝邑云隐庵	千慧	捐钱伍百文
孝邑红石庵	树德	捐钱伍串文
省城护国寺	西缘、西果	捐钱叁串文

① 此标题底本所无，校者所加。

随州仁寿寺	仁岸	捐钱伍百文
巴河昭忠祠	双云、双莲	捐钱壹串文
应山复兴寺	妙峰	捐钱伍百文
京山超凡寺	正乐	捐钱伍百文
应山诸佛殿	本净	捐钱伍百文
商城甘露寺	真明	捐钱伍百文
巴河昭忠祠	芳兴	捐钱伍百文
罗邑龙牙寺	正念	捐钱伍百文
荆州得胜寺	果森	捐钱伍百文
孝邑朝元阁	普明	捐钱伍百文
孝邑极乐庵	心意	捐钱伍百文
孝邑大石庵	学容	捐钱伍百文
孝邑邱家大庙	同秀	捐钱四百文
巴河	祖如	捐钱伍百文
孝邑绕龙寺	祥光	捐钱伍百文
武邑新安庙	能修	捐钱壹串文
孝邑能仁寺	朗月	捐钱壹串文
河南嵩县宁国寺	能科	捐钱伍百文
蕲水兴福寺	界乾	捐钱壹串文
金口广嗣庵	续华	捐钱贰串文
省城许居士	克参	捐钱叁串文
汉口多宝林	陈氏	捐钱贰串文
湖南衡州府	何德	宣捐钱贰串文